삼국사기,

역사를 배반하는 역사

삼국사기, 역사를 배반하는 역사 : N개의 키워드로 읽는 역사 '책'

발행일 초판 1쇄 2017년 11월 20일(丁酉年 辛亥月 辛亥日) **지은이** 길진숙
펴낸곳 북드라망 **펴낸이** 김현경 **주소** 서울시 종로구 사직로8길 24, 1221호(내수동, 경희궁의아침 2단지)
전화 02-739-9918 **이메일** bookdramang@gmail.com
ISBN 979-11-86851-67-8 03910 이 도서의 국립중앙도서관 출판시도서목록(CIP)은 서지정보유통지원시
스템 홈페이지(http://seoji.nl.go.kr)와 국가자료공동목록시스템(http://www.nl.go.kr/kolisnet)에서 이용
하실 수 있습니다.(CIP제어번호: CIP2017029548) | **Copyright ©** **길진숙** 저작권자와의 협의에 따라 인지
는 생략했습니다. 이 책은 지은이와 북드라망의 독점계약에 의해 출간되었으므로 무단전재와 무단복제를
금합니다. 잘못 만들어진 책은 서점에서 바꿔 드립니다.

책으로 여는 지혜의 인드라망, 북드라망 **www.bookdramang.com**

※ 이 책은 한국출판문화산업진흥원의 출판콘텐츠 창작자금을 지원받아 제작되었습니다..

三
國
史
記

삼국 역사를
사기, 배반하는
역사

N개의
키워드로
읽는
역사
'책'

지은이
길진숙

BookDramang
북드라망

책머리에

도대체 왜『삼국사기』탐사인가?

나는 역사 전공자가 아니다. 그런데 왜『삼국사기』三國史記라는 역사책에 관심을 가졌을까? 그럴듯한, 혹은 특별한 이유를 대기 어렵다. 아름답게 장식할 만한 연유를 고심해 봤지만 떠오르지가 않는다. 몇 날 며칠을 전전반측輾轉反側하며 머리를 쥐어짜 봤지만 별무소득別無所得이다.

어쩔 수 없이, 사실 그대로를 얘기할 수밖에 없다. '어쩌다 보니'『삼국사기』를 읽었노라고. 큰 뜻은 없었노라고. 삼국시대 문화를 공부할 필요가 있어서『삼국유사』三國遺事를 읽은 후, 자연스럽게 동시대를 다룬『삼국사기』로 이동했던 것이다.『삼국유사』와 비교라도 해볼까 하는 마음이 발동하긴 했다. 하지만 이때에도『삼국사기』에 대한 기대치는 별로 없었던 상태였음을 밝히지 않을 수 없다. 삼국 역사를 대충 알고 있으니 『삼국사기』도 다 안다고 여겼기 때문이다. 호기심은커녕 중국 사료에 기대어 안이하게 편찬한 역사서일 뿐만 아니라 사대의식에 갇힌 역사책이라 평가하고 있었기 때문에 조금의 호감도 갖고 있지 않았다. 관찬官撰 역사서에 대한 약간의 반감(?), 지루하고 뻔하다는 선입견(?) 등등에도 불구하고, 어쩌다 『삼국사기』와 마주치게 된 것이다. 우리나라 역사책인데 누군가는 읽어 줘야 하는 것이 아닌가 하는, 의무감과 같은 민족의식이 작용했음에 틀림없다.

예상대로 『삼국사기』와의 만남이 뜨거울 리 없었다. 나를 뒤흔드는 그 어떤 강렬함은 오지 않았다. 단번에 끌어당기고 사로잡는 힘이 『삼국사기』에는 없었다. 지극히 담담하게 역사를 기술한 책에 지나지 않았다. 사마천의 『사기』에 보이는 허구인 듯 사실인 듯, 드라마 같은 극적 서사도 없었다. 심플했고 잔잔했다.

그런데 왜 『삼국사기』를 탐사하려 하는가? 더 의미 있고, 더 흥미진진한 역사책들이 많고 많은데 왜 하필이면 『삼국사기』인가? 게다가 고구려·백제·신라가 쟁투하고 명멸하던 그 삼국시대에 대한 일말의 호기심도 없고 별로 궁금해하지도 않으면서, 도대체 왜 『삼국사기』를 말하려 하는가?

읽고 나니 흘려보내기 어려운 뭔가가 계속 남았다. 한 시대와 사회를 전복하는 사유는 없었지만, 『삼국사기』는 예상했던 것과 다른 책이었다. 김부식의 『삼국사기』는 내가 안다고 믿었던 그 『삼국사기』와 격차가 있었다. 또한 『삼국사기』의 역사 지평은 내가 그렸던 역사라는 이미지에 부합하지 않았다. 그러니까『삼국사기』가 계열화한 삼국 역사는 내가 배웠던 삼국의 역사와 그 방향이 달랐다. 아니 삼국 역사에 대한 강조점이 다르다고 해야 맞을 것이다.

그리하여『삼국사기』를 읽으면서 내 머릿속에 있던 삼국시대에 대한 이미지에 의구심이 들기 시작했다. 김부식의『삼국사기』는 근대 역사학의 관점이 아니라 중세 역사학의 시각으로 쓰여진 역사책이다.『삼국사기』는 김부식의 역사적 시각에 의해 삼국의 시공을 재배치한 것인바, 근대 역사학에 의거한 삼국시대 기술과 다를 수밖에 없었던 것이다. 당연하지 않은가? 그렇지만 이 당연한 사실을『삼국사기』를 정독하기 전까지는 전혀 인식하지 못했다는 것, 이것이 더 놀랍지 않은가?

역사책에서 배운 삼국의 계열화와『삼국사기』의 계열화가 같다고 여긴 것은 무지의 소치임에 틀림없다. 나의 무지함을 모르고『삼국사기』를 다 아는 양 착각했던 것이다.『삼국사기』탐사 보고서를 쓰기로 결심한 것은, 순전히 이 무지 때문이다. 나처럼 삼국의 역사는 알지만『삼국사기』를 모르는 이들에게 내가 만난『삼국사기』를 말해야겠다는 생각이 충동적으로 일어났다. 이 책의 집필 동기는 이렇게 단순하고 소박하다. 그러므로 이 책은 삼국의 역사에 대한 고증에는 관심이 없다. 다만『삼국사기』를 이야기하는 책이다. 삼국의 시공간을 설명하더라도 그건 역사책으로서의『삼국사기』를 말하기 위함이라고 미리 밝히는 바이다.

더하여 역사 서술의 방식이 하나가 아님을 알게 되었으므로 김부식만의 역사인식을 정리하고 싶었다. 『삼국사기』를 읽으면서 역사가 무엇인가를 새삼 따져 묻지 않을 수 없었다. 내 머릿속의 역사 개념은 김부식의 역사 개념과 충돌하면서 삐걱거리고 있었기 때문이다. 그 충돌은 내 지식의 한계, 내 시대의 한계로부터 야기된 것이기도 했다. 이 충돌로부터 '역사'에 대한 관념을 다시 묻기 위해 『삼국사기』 탐사를 시작한 것이다.

혹여 오해는 하지 마시라. 김부식의 『삼국사기』를 옹호하거나 높이려는 의도는 없다. 다만 『삼국사기』에 대해 변명하고 싶은 마음은 충만하다. 사대적이라는, 반민족적이라는, 사료가 편파적이라는…, 가혹할 정도의 비난과 폄하로부터 해방되어 이 역사책이 자유롭게 흘러다니기를 원하기 때문이다. 내가 뭐나 된 듯 그 변호를 자처한 건, 순전히 이 때문이다. 사료로는 인정받지만 역사책으로는 부정되는 『삼국사기』! 이 책은 『삼국사기』를 읽고 말았기 때문에 이 역사책에 드리운 '편견과 오해'를 풀어 보려는 작은 시도에 지나지 않는다. 그러나 내 필력과 시선의 한계로 인해 또 다른 오해를 낳을지도 모른다. 그럼에도 『삼국사기』가 어떤 책인가, 내가 본 대로 이야기할 따름이다.

정리하자면, 김부식의 『삼국사기』에 대해 쓰려는 이유는 성글기 짝이 없지만 분명하다. 우리나라에 전해지는 가장 오래된 역사책이기 때문이며, 다 아는 것 같지만 제대로 알려지지 않은 역사책이기 때문이다. 또한 『삼국사기』를 둘러싼 많은 오해를 해명하고 싶었기 때문이다. 『삼국사기』만큼 편견과 오명으로 얼룩진 역사책이 또 있을까? 그 오해의 원인을 밝히고 『삼국사기』의 실상을 밝히고자 함이 이 책을 집필하는 또 하나의 이유이다. 그리고 또 다른 이유는 『삼국사기』의 역사인식이 역사의 개념을 다시 생각하게 만들었기 때문이다. 그리고 마지막 (어쩌면 결정적인) 이유는 『삼국사기』가 예상 밖으로 너무 재미있었기 때문이다.^^

시절이 하 수상한 그때, 왜 『삼국사기』였나?

지난겨울(2016)에서 봄, 비선실세의 국정농단으로 한반도는 들끓었다. 연일 터지는 이 전대미문의 기막히고 웃픈(?) 사태로 인해 남녀노소, 보수·진보 가릴 것 없이 뉴스 앞을 떠나지 못했다. 덕분에 시사 프로그램과 뉴스는 연일 상종가였다. 반면 예능 프로그램과 드라마의 시청률은 반감했다. 그 어떤 예능도, 드라마도, 책도 현실정치보다 더 핫(hot)하지 못했기 때문이다. 아니 현실정치가 드라마보다 더 드라마 같고, 예능보다 더 예능 같았기 때문이다.

그리고 국민들은 대동단결하여 거리로 나섰다. 2016년 10월 박근혜·최순실 게이트가 터진 직후부터 2017년 4월 29일까지 주말마다 대한민국 전역에서 촛불집회가 열렸다. 광화문 네거리는 주말마다 100만 명이 넘는 시민들이 집결하여 촛불을 들고 대통령의 탄핵을 외쳤다. 제6차 집회 때 광화문에 모인 시민의 숫자는

230여만 명에 이를 정도로 어마어마했다. 주말이면 시민들이 거리로 나와 자신의 뜻을 펼쳤다. 그 결과 18대 대통령은 탄핵되었고, 2017년 5월 9일의 투표를 통해 제19대 대통령이 선출되었다. 그렇게 정권이 바뀌었다.

시기가 시기이니만큼 머릿속이 복잡했다. 비정치적인 나조차 정치를 근심하게 된 것이다. 정치의 궁극적 목표가 정권 창출이 아님은 누구나 아는 지당한 사실. 그런데도 이 기본을 망각하니 진정 정치는 무엇이란 말인가? 우리의 정치 현실을 보며, 어떻게 해야 투명한 정치가 가능한지, 제멋대로 휘두르는 권력욕과 소유욕을 멈출 방법은 없는 것인지, 정권이 바뀌면 이런 문제들이 근절될 수 있는지…, 다분히 회의적일 수밖에 없는 질문들이 꼬리를 물었다. 해결지점은 오리무중. 대안 없는 질문만 머릿속을 맴돌았다.

시절이 하 수상한 이때, 나는 『삼국사기』 탐사 보고서 작업을 진행하고 있었다. 너무나 긴박한 현실문제로 인해 삼국시대는 너무나 거리가 멀고 비현실적으로 느껴졌다. 사실, 현실정치가 너무 막장이라 역사책 속의 이야기들은 상대적으로 평범하게 보였다. 저 머나먼 과거와 현실의 우리가 대화할 수 있을지 슬며시 회의가 들었다. 이런 때 『삼국사기』를 읽는다는 것은 무슨 의미가 있을까?

기억은 과거를 보존하는 행위가 아니라 미래를 대비하는 행위라고 한다. 기억은 미래의 세상을 판단하는 잣대이자 어떤 사건에 대처할 수 있게 하는 방법이라는 것이다. 이 말에 의거한다면, 지금 역사책을 읽는 것은, 역사의 창에 기대어 미래를 준비하는 행위이리라.

　김부식의『삼국사기』에서 과거는 과거가 아니다. 후세대가 잡아채야만 하는 행동 지침이다. 김부식은 삼국의 역사를 통해 우리들에게 경계한다. "나라를 맡은 자들이 횡포한 관리들을 풀어놓아 백성들을 구박하고 권문세가들로 하여금 수탈을 가혹하게 함으로써 인심을 잃게 되면, 제아무리 나라가 안정되어 어지럽지 않게 하며 나라를 유지하여 멸망하지 않게 하려 한들, 이것이 또한 취하는 것을 싫어하면서 억지로 술을 마시는 것과 다를 것이 무엇인가?"

('보장왕조', 「고구려 본기」『삼국사기』)

　김부식의『삼국사기』를 읽으면 시절은 언제든 수상해질 수 있다는 진리 아닌 진리를 확인하게 된다. 그러니 시절이 요상하다 하여 쉽게 절망할 일은 아니다. 다만 수상한 시절, 흉흉한 재앙의 원인을 아는 것이 가장 중요하다. 김부식의 해법은 아주 명쾌하다. 정치의 초심에 집중하라는 것이다. 정치는 나라의 평안, 백성의 안정, 그리고 막힘없는 소통, 그 이상도 그 이하도 아니다! 우리가 늘 망각하는 것은, 정치에 임하는 그 초심이다.

　김부식이 역사책을 쓴 까닭은 아주 분명하다. 김부식은 공자의『춘추』에서 시작된 유가의 역사학, 곧 정치의 잘잘못을 사실 그대로 드러내어 미래의 거울이 될 수 있게 하려는 의도를 철두철미 고수했다.『삼국사기』는 과거의 정치를 통해 미래의 정치를 말한다.『삼국사기』를 다시 탐독해야 하는 중대한 이유를 하나 더 찾아낸 것이다. 정치의 새로운 개념을 창안해야 하는 즈음,『삼국사기』

가 정치에 대한 상상력 한 자락을 제공하리라는 확신을 갖게 된 것이다.

이쯤 되니, 『삼국사기』 탐사 작업의 무게가 만만치 않게 느껴진다. 역사학에 대해 문외한인 까닭에 틀림없이 부족한 견해가 눈에 띄게 많을 것이다. 어설픈 논의들이 도처에서 드러나 독자들의 심기를 불편하게 할지도 모르겠다. 그럼에도 불구하고 『삼국사기』가 하나의 역사책으로 읽히기를 바라는 바, 감히 용기 내어 이런저런 이야기들을 보태었다. 자칫 『삼국사기』에 대한 군더더기가 될 수도 있지만, 다양한 고전 읽기 중의 하나로 받아들여져 『삼국사기』라는 책에 흥미를 갖는 독자들이 많아지기를 기대한다.

그리고 역사 저 너머로 저장될, 박근혜·최순실 게이트가 내일의 창이 되길 간절히 희망한다. 이제는 광화문 네거리에서 정권 퇴진을 외치던, 추운 겨울의 그때가 먼 옛날처럼 아스라하다. 이 아스라함 속에서 바뀐 정권이 세상을 바꾸기를 조용히 지켜보는 중이다. 이런 희망이 정치 혐오증 혹은 염증으로 변하지 않기를 바랄 뿐. '그게 그거지', '별 수 없어'라는 체념의 탄식이 일어나지 않기를 바랄 뿐. 평범한 시민으로 내 삶을 다독이며 나를 통찰하고 세상을 통찰할 수 있도록 노력할 뿐. 그 이상 무엇을 더 바랄 것이 있겠는가.

2017년 가을

아차산 아래서 쓰다

차례

일러두기

1 이 책에서 인용한 김부식의 글은 2000년 신서원에서 출간한 『삼국사기』(고전연구실 옮김)를 저본으로 삼아 지은이가 다듬어 썼습니다.

2 이 책에서 인용한 일연의 글은 2006년 한길사에서 출간한 『삼국유사』(이가원·허경진 옮김)를 저본으로 삼아 지은이가 다듬어 썼습니다.

3 이 책에서 인용한 이규보의 글은 한국고전번역원(http://www.itkc.or.kr/)의 '한국고전종합DB'(www.db.itkc.or.kr)에 번역되어 있는 『동국이상국집』을 저본으로 삼았습니다.

4 김부식, 일연, 이규보의 글을 제외한 다른 서지에서 인용하는 경우, 해당 서지가 처음 나오는 곳에 지은이, 서명, 출판사, 출판연도, 인용 쪽수를 밝혔으며, 이후 다시 인용할 때는 지은이, 서명, 인용 쪽수만으로 간략히 표시했습니다. 예시: 이성시, 『만들어진 고대』, 삼인, 2001, 35쪽 // 이성시, 『만들어진 고대』, 19쪽

三
國
史
記

Keyword

01.

—

역사 '책'

역사를 배반하는 역사

1. 왜 역사책 읽기인가?

역사 서술, N개의 기원과 목표!

단도직입, 우리는 역사를 읽는 것이 아니라, 역사 '책'을 읽는 것이다. 과거의 지겹도록 많은 사실들의 가감 없는 나열을 역사라고 생각하지 말자. 역사는 늘 역사가에 의해 선택되고 계열화된 과거 사건들의 서사였다. 그러니까 최대한 객관적으로, 일어났던 사건을 있는 그대로 나열하겠다는 태도도 역사가 개인의 욕심이자 취향이다!

역사책에 수록된 과거의 사실들이 '모두에게' 사건이거나 '모두에게' 진실일 수 있으려면 수십억만 년 동안 지구상에서 일어난 사건들이 하나도 빠짐없이 기록되어야 할 것이다. 아니 어쩌면 그렇게 해도 사건의 진실에 접근하기는 언감생심 꿈꾸기 어렵다. 나의 과거조차 내 기억 속에서 왜곡되기 일쑤니까. 역사책에 담긴 역사가 적어도 사건이고 진실이라고 말한다면, 그것은 그렇게 역사를 배치한 역사가에게 사건이자 진실이고, 그 역사책의 서사를 신뢰하는 독자들에게 사건이자 진실일 뿐이다. 사건과 진실은 역사책만큼 다르고 많다. 하여 우리는 인정할 수밖에 없다. "진실은 오직 진실이 변한다는 데 있다!"

> 과거에 존재했다면 그 어떤 것도 역사에 의해 받아들여지지 않을 이유가 없다. 그러므로 역사학은 과학이 아니다. … 따라서 역사의 장은 거기서 발견되는 모든 것이 실제로 일어난 것이어야만 한다는 한 가지 예외를 제외하고는 완전히 불확정적이다.(폴 벤느, 『역사를 어떻게 쓸 것인가?』 이상길·김현경 옮김, 새물결, 2004, 36~37쪽)

그러니 역사의 기원과 목표 또한 역사가들의 수만큼 많다. 그래서 역사를 기술하는 이유도 목표도 N개다. 단 하나의 역사의 기원과 목표는 없다. 역사가들은 저마다의 이유를 가지고 과거를 재구성한다. 왜 역사를 기술하는지, 그 답은 역사책을 편찬한 역사가에게 달려 있다.

역사가에게 중요한 사건은 흥미로운 사건이다. 중요성이라는 말은 그 말을 하는 사람이 얼마나 진지한가를 보여 줄 따름이다. 어떤 사건은 역사적이고 어떤 사건은 역사적이 아닌가를 구분할 수 있는가? 한계를 알 수조차 없는 비-사건적인 것의 엄청난

면적은 개간해야 할 것으로 남아 있다. 비-사건적인 것은 아직까지 사건으로 인정받지 못한 사건들이다. … 우리가 역사적이라고 의식하고 있지 못한 역사성이 비-사건적인 것이다.

어떤 사실은 역사적이고 또 다른 사실은 잊혀질 만한 일화라고 단정하는 것은 불가능하다. 왜냐하면 모든 사실은 계열 속으로 들어가며, 그 계열 속에서만 상대적인 중요성을 가지기 때문이다.(폴 벤느, 『역사를 어떻게 쓸 것인가?』 40~48쪽)

결국 역사를 읽고 공부한다는 것은 객관적 사실의 혹은 사건들의 집합체로서, 혹은 병렬체로서의 연대기를 수용하는 것이 아니라, 하나의 관점 아래에서 직조된 역사 기술을 이해하는 작업이다. 역사가들은 저마다 무엇을 기억해서 어떻게 표현할 것인가를 고민함으로써 다른 역사 만들기를 해왔던 것이다. 그러므로 누가 무엇에 대해, 어떤 식으로 과거를 선별하여 계열화했는가를 살피는 과정, 이것이 진정 '탐사'探史의 실질이라 할 수 있다.

참을 수 없는 '역사주의'의 무게를 넘어

그러나 역사를 접할 때 우리들은 무겁고 엄숙해지기 십상이다. 역사 서술의 기원과 목표가 N개임을 망각하거나 모르기 때문이다. 장구한 시간의 궤적들이 주는 무게 때문일 수도 있지만, 사실은 과거를 통해 현재의 어떤 것들, 혹은 현재의 모든 것들의 정체성을 확인하려는 욕심 때문이다. 물론 호기심 차원에서 과거를 탐구하는 사람들도 많지만, 일단 '역사'라고 하면 기원이나 뿌리 찾기를 상상하게 된다. 흔히 전통과 정통을 발견하거나, 어떤 정체성의 지속과 변이를 밝히려는 시도 모두 그 줄기는 한 뿌리에서 만난다. 국가·민족·국민·시민이라는 이름의 현재, 민족혼·민족정신·동아시아의 보편성 또는 그런 이름들로 불려지는, 나를 찾아가는 과거로의 여정이 역사라는 이름에 담긴다. 이만큼 '성숙하고 완전한' 나의 현재가 어떻게 구성되었는지, 어떤 단계를 거쳤는지 찾기 위해 역사 속으로 진입하는 것이다.

동아시아 역사책을 찾는 이유도 분명하다. 나는 누구인가? 동아시아인인 나는 어쩌다 이렇게 살게 되었고, 이렇게 사고하게 되었는가? 나와 나의 사고, 나의 시대, 환경은 어디에서 기원했는가가 궁금해서 과거를 뒤적인다. 그 기원을 찾는 작업은 먼저 우리가 살고 있는 근대라는 시간일 수 있다. 근대가 어떻게 형성되고 발전되어 왔는지 그 근원을 파헤치고 싶은 욕망이 살아 움직인다.

우리가 무엇을 지향하며 살아왔는지 그 불변의 본질을 찾으려는, 견고함에의 목마름! 고정된 것은 아름답다 혹은 뿌리는 아름답다, 라는 믿음에 기대어 연어처럼 과거로 회귀한다. 물론 이성의 힘으로는 고정된 것을 혐오하며, 기원을 찾아내려는 그 진부함을 경원시한다. 일용하는 물건에 대해서는 조금만 시간이 흘러도 낡았다고 취급하며 금방 싫증내지만, 우리의 무의식은 여전히 변하지 않는 그 무엇을 갈구한다.

그 때문에 고대사에서 그 뿌리가 확실하게 발견될 것이라는 희망을 안고 현재 전해지는 가장 오래된 역사책으로 시간을 거슬러 올라가 본다. 그 자리에서 우리의 고대사 텍스트인 『삼국사기』·『삼국유사』를 만나고, 이것만으로는 미진하여 동아시아인으로서의 '나'란 존재의 정체성을 궁금해하며 『서경』·『춘추』·『사기』의 세계로 진입한다. 다소 비장하게 고대라는 그 엄청난 시간들과 싸워 볼 마음으로 역사라는 타임머신에 탑승한다.

마치 근대라는 지금-여기의 시공간을 예비하기 위해 과거가 존재하는 것처럼, 과거의 시간들이 현재의 상태를 향해 한 걸음 한 걸음 발전해 온 것처럼, 근대라는 시공간을 배태한 '씨앗'을 확인하러 과거의 사건들 속으로 기꺼이 미끄러져 들어간다. 이것이 바로 우리가 역사를 사유할 때 늘 작동하는 바, 근대의 역사주의이다. 예전의 우리들이 지금의 우리와 어디서 어떻게 달랐는지를 확인하는 게 아니라, 우리들이 어떻게 근대를 향해 진격해 왔는지를 확인하는 작업! 이럴 때 과거는 근대의 태아로 취급된다. 그렇지만 이렇게 과거를 바라볼 때 나의 기원이 몇 천 년 전의 그 어디쯤에서 닻을 내렸으리라는 상상만으로 뿌듯해진다. 나는 벌써 뼈대 있는 가문(유구한 역사)의 일원이 된 듯 마음이 흐뭇하다.

우리는 그렇게 동아시아 고대의 역사책들과 처음 마주친다. 그러나 이 책들은 녹록지 않다. 국사책이나 세계사책에서 익히 봐 왔던 역사적 사건들이 분명 언급되었지만, 고대인들에 의해 편찬된 이 역사책 속의 사건들은 다른 시선, 다른 의미로 계열화되어 있다. 이 책들은 분명 근대의 외부에 놓여 있다. 우리의 기대와 다르게, 근대의 삶을 예견하거나 예비하는 어떤 정체성은 보이지 않는다. 여기서 '나'란 존재의 씨앗을 확인하는 일은 더욱 쉽지 않다. 이 역사책들은 지금-여기의 근대와는 완벽하게 다른 시공간이 존재했으며 그 시공간에 자리한 존재들이 매우 낯설다는 사실을 확인시켜 줄 뿐이다. 그리고 이 역사책들은 근대의 역사관과는 전혀 다른 관점에 의해 기술되었음을 부정하기 어렵게 만든다. 역사책들마다 과거를 기술하는 목표가 달랐고, 방식도 달랐던 것이다. 이렇게 되면 이 탐사探史는 필연적으로 애초의 목표와는 다른 길로 향할 수밖에 없다. 과거와 현재의 연속이 아니라 과거와 현재의 비-연속 사이를 날렵하게 유영해야만 한다.

탐史, 역사가의 마음 읽기!

우리의 욕망과 다르게 고대의 역사책을 읽으면 '역사주의'의 무게로부터 오히려 해방된다. 국가·국민·민족·나라는 정체성은 다만 상상의 원형질이며, 역사는 전적으로 사실인 것도 아니요, 그렇다고 전적으로 가공된 것도 아닌 역사가의 진실에 의해 조형된 이야기일 수 있음을 깨닫는다. 사실과 진실의 층위는 역사서마다 다르며, 역사는 늘 과거들에 대한 특정한 계열화라는 점을 확인하기 때문이다. 하면 역사주의로부터 해방되고, 역사의 무게로부터 가벼워진 다음엔 무엇을 해야 하는 것일까?

> 그대가 태사공太史公의 『사기』史記를 읽었으되 그 글만을 읽었을 뿐 그 마음은 읽지 못했다고 보아야 할 것입니다. 왜냐하면 「항우본기」를 읽고서 성벽 위에서 전투를 관망하던 장면이나 생각하고, 「자객열전」을 읽고서 고점리가 축을 치던 장면이나 생각하니 말입니다. 이런 것들은 늙은 서생들이 늘 해대는 케케묵은 이야기로서, 또한 '살강 밑에서 숟가락 주웠다'는 것과 무엇이 다르겠습니까?
>
> 어린아이들이 나비 잡는 것을 보면 사마천의 마음을 간파해 낼 수 있습니다. 앞다리를 반쯤 꿇고, 뒷다리는 비스듬히 발꿈치를 들고서 두 손가락을 집게 모양으로 만들어 다가가는데, 잡을까 말까 망설이는 사이에 나비가 그만 날아가 버립니다. 사방을 둘러보아도 사람이 없기에 어이없어 웃다가 얼굴을 붉히기도 하고 성을 내기도 하지요. 이것이 바로 사마천司馬遷이 『사기』를 저술할 때의 마음입니다.(박지원, 「경지에게 답함」 『연암집』, 하, 신호열·김명호 옮김, 돌베개, 2007, 367~368쪽)

조선 후기 최고의 글쟁이 박지원朴趾源은 말한다. 아슬아슬 나비를 잡으려 애썼으나 나비가 날아가 버리는 바람에 머쓱해진 사마천의 마음을 읽어라. 사건의 진실을 포착하려 애타게 다가가지만, 끝내 사건의 진실을 다 포착할 수 없음을 깨달아 무색해진 사마천의 마음! 역사책에서 주시할 것은 사건 그 자체가 아니다. 어떤 사건을 사건이라 규정한 역사가의 마음이다. 그러나 역사가조차 사건의 진실에 다가갔다고 생각하는 순간, 진실은 저만치 달아나 버리고 만다. 그 마음을 알았다면 사마천이 그려 낸 역사적 사건에서 우리가 봐야 하는 것은 무엇일까? 사마천이 역사적 사건을 그리면서 이미 깨달았고, 박지원이 사마천의 『사기』를 읽고 깨달은 그 경지를 우리도 역사책을 읽으면서 탐험하는 것.

우리가 할 일은 『사기』에 포착된 역사적 진실과 사마천이 놓쳐 버린 그 진실을 잡기 위해 과거의 사건들에 살금살금 간절하게 다가가는 것이다. 나비를 잡으려면 나비의 리듬을 타야하듯, 역사책의 역사를 잡으려면 그 역사적 사건을 이해한 역사가의 마음 그 너머까지 포착해야 한다. 그래야 그 역사와 가까워진다. 결국 사마천이 보고자 했던, 그리고 놓쳐서 무색해진 그 사건의 진실에 다가가는 것이 역사책 읽기다.

그러니 다시 한번 강조하자면, 동아시아의 역사책이 단 하나의 역사의 기원과 목표 아래 기술되었다는 착각에서 벗어나자. 우리가 살고 있는 근대라는 시공간에서 배태된 역사관을 전제하고 동아시아 역사책을 읽지는 말자. 즉 근대적 역사주의에 입각해서 동아시아 역사책을 해석하지 말자. 직선적인 시간관으로 모든 과거의 시간들이 근대라는 목표를 향해 진보했고, 과거라는 시공간은 모두 근대를 예비하는 장이었다는 것은 우리의 망상일 뿐이다.

동아시아 고대의 역사책들은 근대의 외부에서 탄생했으며, 역사가에 따라 역사를 기술하는 목표가 달랐다. 하여, 나의 역사관을 내려놓고 경쾌하고 유쾌한 마음으로 역사책들과 대면하자. 고대의 역사적 시간을 재구성하고 역사적 사건들을 계열화한 김부식金富軾·일연一然·공자孔子·사마천司馬遷의 마음을 따라가 보자.

그 시작으로 『삼국사기』三國史記를 선택했다. 아니 『삼국사기』를 읽고 역사에 대해 이야기하고 싶었다. 하나의 시각과 계보로 결정된 역사는 없다. 역사가에 따라 사건은 다르며, 역사적 시선 또한 다름을 『삼국사기』를 통해 배웠기 때문이다. 지금 우리가 생각하는 역사적 지식과 『삼국사기』의 역사적 지식은 동일하지 않았음을 말하고 싶다. 김부식의 마음을 따라가면서 역사 서술이란 역사가에 따라 얼마나 각양각색인가를 생각하며 오늘날 우리들이 굳게 믿는 역사주의, 그리고 삶의 진실은 그 실체가 없음을, 역사는 연속이기보다 단절임을 이야기하고 싶다.

2. 『삼국사기』에 대한 오해와 진실

『삼국사기』에 대한 변명

역사책은 독서물이다. 물론 역사·문화·지리의 고증과 발견에 지대한 공헌을 하는 게 역사책임을 간과해서 한 말은 아니다. 우리들은 역사소설을 읽듯, 역사책을 읽는다. 연구자가 아니라면 역사를 검증하기 위해 역사책을 들춰 보는 경우는 거의 없다. 역사적 사건 사고들은 국사책에 잘 정리되어 있기 때문이다. 잘 정돈된 '사건과 사고' 너머의 '음험한' 이야기를 찾을 때 역사소설과 마찬가지로 역사책도 읽는다. 어떤 가려진 진실을 찾기 위해 우리는 역사를 읽는다. "과거를 역사적으로 표현한다는 것은 그것이 '원래 어떠했는가'를 인식하는 일을 뜻하는 것이 아니다. 그것은 위험의 순간에 섬광처럼 스치는 어떤 기억을 붙잡는다는 것을 뜻한다. 역사적 유물론의 중요한 과제는 위험의 순간에 역사적 주체에게 예기

치 않게 나타나는 과거의 이미지를 붙드는 일이다. 그 위험은 지배
계급의 도구로 넘어갈 위험이다. 어느 시대에나 전승된 것을 제압
하려 획책하는 타협주의로부터 그 전승된 것을 쟁취하려는 시도
가 이루어지지 않으면 안 된다."(벤야민, 『역사의 개념에 대하여』 최성만 옮김, 도서출판 길,
2008, 334쪽)

이런 인식에 의거할 때, 『삼국사기』는 좋은(?) 책이 아니었다.
적어도 『삼국사기』를 읽기 전, 내가 가진 이 책에 대한 이미지는
지극히 부정적이었다. 삼국시대를 다룬 역사책이자 같은 고려시
대에 편찬된 『삼국유사』와 비교했을 때, 『삼국사기』는 재미도 없
고 유익하지 않은 책이라고 단정해 버렸던 것이다. 적어도 내 상식
선에서 『삼국유사』는 필독서지만 『삼국사기』는 굳이 읽을 필요가
없는 책이었다. 『삼국사기』는 매력적인 반전도 없고 전복적 의식
을 찾을 수 없는, 왕들의 치란을 서술한 국가 공인 역사서에 불과
하다고 생각했기 때문이다. 『삼국사기』는 왕의 명령에 의해 편찬
한 정사正史로서 국가주의적이며 보수적이라는 선입견을 나름 확
고하게 가지고 있었다. 이렇듯 내 머릿속의 『삼국사기』는 이데올
로기에 포획된 책에 불과했을 뿐이었다.

또한 중국의 역사책 『사기』와 비교했을 때도, 『삼국사기』는
초라하기 짝이 없었다. 한나라 때 사마천이 죽음 대신 궁형을 선
택한 이유는 오로지 『사기』를 완성하기 위한 것이었다. 사마천의
『사기』는 국가사나 정치사 같은 거시사뿐만 아니라 미시사까지
기술되어 있었다. 여기에 더해 '공간·시간·인간·행위'의 역학 속

에서 '새털보다 가벼운 죽음'의 실제와 '태산보다 무거운 죽음'의 실제 속에 드러나는 역사 너머 '인간학'까지 탐구하였다. 『삼국사기』에는 이러한 아우라가 없었다. 한 존재의 유일한 생존 이유였던 『사기』와 견줄 때 『삼국사기』는 그 얼마나 안온한 책인가? 불온함이라곤 감지되지 않는 책이었다.

그런데 어느 날 문득 『삼국사기』를 읽어 보고 싶었다. 『삼국유사』와 얼마나 다른지, 도대체 우리의 역사를 어떻게 구성했는지, 그 실체가 궁금해졌다. 훌륭한 역사책을 펼친다는 설레임은 조금도 지니지 않은 채 아예 국사책을 펼치는 마음으로 『삼국사기』를 읽었다. 전혀 기대감이 없어서였을까, 아니면 이미 한 수 접고 시작한 독서였기 때문일까. 『삼국사기』는 의외로(!) 재미있었다. 적어도 나에겐 『삼국유사』보다 흥미롭게 다가왔다.

『삼국사기』는 「열전」보다 「본기」가 더 매력적이었다. 삼국의 역사를 나라별로, 연대순으로 간략하게 기술한 「본기」에서 먼저 눈에 띈 것은 천재지변에 대한 기술이었다. 이상 기후나 자연의 괴변들을 특별한 사건으로 기록하는 방식은 참으로 재미있었다. 괴력난신怪力亂神을 배제한 역사책이면서도 천재지변을 정치와 관련하여 중대하게 다루는 방식이 역사의 문외한이었던 나에겐 기이하게 느껴졌던 것이다. 사실이냐 아니냐가 중요한 게 아니라 무엇을 사실로 구성하는지가 역사책 각각의 특이성임을 깨달았다. 그리고 전혀 기대하지 않았던 고구려 통치자들의 이야기는 흥미롭기 짝이 없었다. 고구려의 인물이라곤 장수왕, 광개토왕, 을지문덕

밖에 모르던 나에게 왕 노릇을 한다는 게 어떤 것인지, 고구려 왕비의 강인한 생존본능(?)은 어떤 것인지 등을 알아 가는 과정은 쏠쏠한 즐거움이었다.

적어도 『삼국사기』는 국사책과 달랐다. 김부식의 시선과 삼국시대 사람들의 시선이 엇갈리는 그 지점에서 우리를 지배하는 많은 관념의 망령들을 볼 수 있었다. 역사는 '진보'한다는 역사주의적 인식, 식민지 시기 신채호申采浩의 절박함은 간과한 채 막연히 역사는 '아我, 한민족와 비아非我, 비한민족의 투쟁'이라는 인식, 절대화된 단일민족의식 그래서 삼국은 한 나라, 한 민족이라는 믿음. 물론 신채호의 역사의식은 이렇게 단순하지 않았다.

역사란 무엇인가? 인류 사회의 아我와 비아非我의 투쟁이 시간적으로 발전하고 공간적으로 확대되는 심적心的 활동의 상태에 관한 기록이다. 세계사란 세계의 인류가 그렇게 되어 온 상태의 기록이며, 조선사란 조선 민족이 그렇게 되어 온 상태의 기록이다.

무엇을 아라 하고 무엇을 비아라 하는가? 한마디로 쉽게 말하자면, 무릇 주관적 위치에 선 자를 아라 하고, 그 외에는 모두 비아라 한다. 이를테면 조선인은 조선을 아라 하고 영국·미국·프랑스·러시아 등을 비아라 하지만, 영국·미국·프랑스·러시아 등은 각기 자기 나라를 아라 하고 조선을 비아라 한다. 무산계급은 무산계급을 아라 하고 지주나 자본가 등을 비아라 하지만,

지주나 자본가 등은 각기 자기와 같은 계급을 아라고 하고 무산계급을 비아라 한다. 뿐만 아니라 학문이나 기술, 직업이나 의견, 그 밖의 어떤 부분에서든 반드시 본위인 아가 있으면 따라서 아와 대치되는 비아가 있는 것이다. 아 내부에도 아와 비아가 있고, 비아 안에도 또한 아와 비아가 있다.

그리하여 아에 대한 비아의 접촉이 빈번하고 심할수록 비아에 대한 아의 투쟁도 더욱 맹렬하여 인류사회의 활동이 멈출 때가 없고 역사의 전도도 끝날 날이 없다. 그러므로 역사는 아와 비아의 투쟁의 기록이다(신채호, 『조선상고사』 박기봉 옮김, 비봉출판사, 2006, 24쪽)

신채호는 1931년 절체절명의 위기 속에서 '국가와 민족'의 그 유구하고 굳건한 역사를 소환함으로써 식민지 조선이 제국주의 적들에 맞서 투쟁하기를 강력히 촉구했던 것이다. 신채호의 역사의식은 민족주의에만 그친 것이 아니었다. 적어도 신채호는 세계주의자였다. 그래서 아와 비아는 민족 대 비민족일수도, 민족 내부의 유산자와 무산자일수도, 비민족 내부의 유산자와 무산자일수도 있었다. 그러나 나는 신채호의 역사의식 중의 극히 한 부분만 앙상하게 받아들이고 있었던 것이다. 아니 신채호의 역사의식의 실체에 다가갈 필요조차 느끼지 않고 있었다. 그저 국사책에서 배운 대로 역사를 이미지화하고 있을 뿐이었다.

그런데 이 망령들이 『삼국사기』를 읽으면서 깨져 나갔다. 우리에게 민족은 근대의 산물이었을 뿐, 『삼국사기』에는 그런 민족은 없었으며 발전·진보에 대한 의식도 없었다. 『삼국사기』를 읽고 나서야 여기서 제시하는 국가주의적 시선은 근대의 역사주의와 매우 다르다는 깨달음을 얻었다. 벤야민 식으로 이야기하자면, 과거에 대한 영원한 이미지를 제공받은 것이 아니라, 어떤 계열의 과거와 유일무이한 경험을 하게 된 것이다. 『삼국사기』를 사료가 아니라 독서물로 받아들이는 순간 '역사주의'의 미망에서 자유로워질 수 있었다.

『삼국사기』의 운명

책에도 운명이 있다. 어떤 책은 나오자마자 회자되어 한 시대를 풍미한다. 어떤 책은 조용히 묻혔다가 운명적인 길잡이를 만나 뒤늦게 매력을 발산한다. 그런가 하면 시대를 잘못 만나 역적보다 더심하게 욕을 먹는 책도 있다. 『삼국사기』가 바로 그렇다. '근대'라는 복병을 만나 가차 없이 욕먹은 책이다. 근대의 길목에서 역사가 김부식과 그가 편수한 『삼국사기』는 더할 수 없는 비난의 표적이되었다. 『삼국사기』를 둘러싼 편견의 기원은 바로 이 지점이다.

신채호, 최남선崔南善과 같은 근대사가들은 『삼국사기』를 참아낼 수 없었다. 민족의 뿌리도 그리지 않고 삼국의 역사만을 기술했으며, 중국 사료에 의존해서 삼국의 역사를 기술했기 때문이다. 이런 점에서 근대사가들에게 김부식과 『삼국사기』는 사대주의의 화신으로 민족의 정신을 말살한 역적이었다. 민족과 자주와 문명의 함수 관계를 따지는 입장에서 『삼국사기』를 긍정적으로 바라보기란 쉽지 않았을 것이다. 중국 역사서에 기대어 민족의식에 흠집을 내고, 민족의 역사를 왜곡했다는 점에서다.

신채호는 『삼국사기』라는 책의 존재를 견딜 수 없었다. "『삼국사기』를 지을 때 김씨의 마음은 이를 독립의 조선사로 지은 것이 아니라 지나支那: 중국 역대사 가운데 동이열전의 주석으로 자처함이 명백하도다."(신채호, 「조선사연구초」 『조선상고문화사 (외)』박기봉 옮김, 비봉출판사, 2007, 469쪽) "선유들이 말하되 3국의 문헌이 모두 병화에 없어져 김부식이 고거할 사료가 없어 부족하므로 그가 편찬한 『삼국사기』가 그렇게 소루함이라 하나, 기실은 김부식의 사대주의가 사료를 분멸한 것이며, 김부식의 이상적 조선사는 1. 조선의 강토를 바싹 줄여 대동강 혹 한강으로 국경을 정하고, 2. 조선의 제도·문물·풍속·습관 등을 모두 유교화하여 삼강오륜의 교육이나 받고, 3. 그런 뒤에 정치란 것은 오직 외국에 사신 다닐 만한 비열한 외교의 사령辭令이나 감임堪任할 사람을 양성하여 동방군자국의 칭호나 유지하려 함이었다."(신채호, 「조선사연구초」 『조선상고문화사 (외)』 469쪽)

같은 시대 최남선도 신채호처럼 『삼국사기』에 대해 부정적이었다. 『삼국사기』는 사실에 충실하기보다는 문사文辭에 치중하였고, 원상原相에 따른 것이 아니라 주관에 따라 개작을 서슴지 않았다고 보았다. 또 『삼국유사』에 비교하여 평하기를 "만일 본사本史와 유사遺事의 양자 중에 어느 하나밖에 지니지 못할 경우가 있다

하면 대부분이 한토漢土의 문적을 인입한 것이요, 그 약간의 국전國傳이란 것을 명과 실을 대개 한화漢化한 『삼국사기』를 내어 놓고 단락斷落하고 착잡하고 조루粗陋하고 궤탄詭誕할 망정 일련一臠: 살 한 점이라도 본미本味를 전하는 『삼국유사』를 잡을 것이 고당固當하다 할지니라"고 했다.(최남선, 「삼국유사 해제」 『증보 삼국유사』 민중서관, 1954)

근대사가들은 김부식을 중국의 전적만 신빙하고, 역사 이래 우리의 역사서를 말살한 일개 사대주의자로 치부했다. 김부식은 근대 민족주의의 적이었다. 급기야 『삼국사기』와 『삼국유사』 중에 택일해야 한다면 『삼국사기』는 버리고, 『삼국유사』는 잡아 두겠다고 한다. 근대 제국주의의 광풍이 몰아치던 20세기 초, 『삼국사기』는 폐기되어도 아쉬울 것이 없는 책으로 전락했다. 역사적 가치조차 인정받지 못하고 모화慕華와 사대事大로 점철된 책으로 완전히 찍혀 버렸다.

이에 비해 조선시대 학자들에게 황탄하기 이를 데 없다고 비판받았던 『삼국유사』는 민족의 기원인 단군으로부터 상고사를 기록했다는 것과 중국의 유교 정치·사상에 기울지 않았다는 이유로 매우 중요한 역사 사료가 되었다. 『삼국사기』와 『삼국유사』의 운명은 이렇게 엇갈렸다.

조선시대까지 『삼국사기』가 고증이 정확하지 않다는 이유로 비판은 받았을지언정, 심지어 고증할 수 없는 허탄한 사실을 기록했다고 지적받았을지언정, 한민족의 영토를 줄이고 한민족의 기원을 기록하지 않았다는 이유로 이렇게 엄청나게 욕먹지는 않았던 것이다. 오히려 당태종에 대항했던 '안시성'의 전투를 고증이 어렵고 자료가 인멸된 와중에도 중국 사료를 증거 삼아, 심지어 유공권柳公權의 소설에서까지 인용하여 전했다는 점에서 김부식의 기록 정신은 높은 평가를 받았다.(박지원, 『세계 최고의 여행기 열하일기』(상), 고미숙·길진숙·김풍기 옮김, 북드라망, 2013) 그러나 김부식의 『삼국사기』는 근대의 민족주의 도래와 더불어 추락할 수밖에 없는 운명을 맞이했던 것이다.

단군의 얼을 이어받은, 한겨레라는 뿌리의식은 필경 『삼국사기』를 불편한 시선으로 보게 만들었다. 상고사를 저버리다니! 상고사를 의도적으로 말살했다고 보진 않더라도 민족의식이 심각하게 결여되었다고 보는 것이 보편적 시선이다. 중세 동아시아의 보편 지식, 즉 중국의 지식을 학습했던 고려 제국의 지식인 김부식이 중세 보편적 역사의식에 충실한 『삼국사기』를 지었다는 사실이 근대사가들의 입장에서 보면 원죄라면 원죄였던 것이다. 조선을 야만에 빠뜨린 망령 '중국'에 대해 어찌 한 치의 너그러움을 발휘할 수 있단 말인가?

근대 사가들이 『삼국사기』에 새겨 놓은 낙인은 아직까지 지워지지 않고 있다. 거기에 관찬 역사서에 대한 반감이 더해져 『삼국사기』는 읽지는 않(았)지만 비난할 수 있는 역사서가 되어 버렸다. 그러나 『삼국사기』를 그저 시대에 찌든 역사서로, 관변적인 역사서로 매도하는 것은 또 하나의 편견이다. 김부식에게 역사는 근대 사가들이 생각하는 역사와는 다른 것이었다. 김부식의 『삼국사기』는 근대인들의 역사 관념과는 다른 지점에서 역사를 구성한다.

그런 의미에서 『삼국사기』는 역사로 나아가는 또 하나의 출구다. 벤야민은 말한다. 역사의 다수성은 언어의 다수성과 유사하다고.

'삼국'의 기원과 종말에 관한 기록

김부식의 『삼국사기』는 신라·고구려·백제라는 세 나라의 기원과 종말에 관한 기록이다. 삼국의 생장소멸을 다룬 역사책인 것이다. 즉 김부식의 나라 '고려'가 세워지기 이전의 기원, 즉 '고려'라는 하나의 국가로 병합된 '세 나라'에 관한 이야기이다. 『삼국사기』에는 신라의 혁거세거서간赫居世居西干에서부터 경순왕敬順王까지, 고구려의 동명성왕東明聖王부터 보장왕寶臧王까지, 백제의 온조왕溫祚王부터 복신福信의 백제회복운동까지가 기록되어 있다. 우리가 기대하는 바와 다르게 『삼국사기』는 한반도라는 심상지리 안에 구축된 '우리 민족'의 기원을 다룬 역사책이 아니다. 김부식은 삼국보다 앞선 시기의 역사를 기술할 생각을 애초에 가지고 있지 않았다.

『삼국사기』는 김부식 등이 고려 인종仁宗의 명을 받아 1145년 무렵 편찬한 삼국시대의 역사서다. 김부식이 활동했던 12세기, 새로운 정사正史가 요청되었다. 삼국을 통일한 제국에 걸맞게 고려에도 중국 제국과 같은 역사서가 필요했다. 고려 인종은 중국의 역사처럼 우리 역사가 정리되기를 원했고 고려의 학사·대부들에게 우리의 역사에 정통하기를 요구했다. 이때 왕으로부터 정통하기를 요구받은 우리의 역사는 고려왕조가 건립되기 바로 이전 왕조이다.

　김부식의 입장에서 보자면 근대사가들의 일방적인 폄하로 인해 억울하기 짝이 없었을 것이다. 김부식은 인종의 다음과 같은 명령을 받고 『삼국사기』를 편수했는데 말이다.

　　오늘날의 학사·대부가 오경五經·제자諸子의 서적과 진秦·한漢 역대의 역사에 대해서는 간혹 두루 통하고 자상히 설명하는 자가 있으나 우리나라 사적에 이르러서는 도리어 아득하여 그 시종을 알지 못하고 있으니 매우 한탄스러운 일이다. 신라·고구려·백제는 나라를 세워 솥발처럼 맞서서 능히 예로써 중국과 상통하였다. 그러므로 … 군왕의 선악과 신자臣子의 충사忠邪와 국가의 안위와 백성[人民]의 치란을 모두 들추어내어 권계를 삼을 수 없으니, 마땅히 삼장三長: 재주·학문·식견의 인재를 구하여 일가의 역사를 이루어서 만세에 물려주어, 일성日星과 같이 빛나게 해야 하겠다.

　고려의 인종은 신라·고구려·백제를 중국 문명에 비견하는 나라로 인정했다. 그렇게 문명한 세 나라를 통일했으니, 고려는 굳이 말하지 않더라도 문명대국임이 저절로 증명된다. 삼국은 각기 독립된 천하 국가였고, 이런 나라들을 통일한 고려는 제국으로서 손색이 없다 할 수 있다. 이런 목적 아래 삼국의 역사만을 다루겠다는 김부식에게 어찌 단군조선과 상고시대를 제외시켰냐고 한다면, 이 자체가 난센스 아닐까?

공자가 『춘추』를 지은 이유와 마찬가지로 『삼국사기』는 "군왕의 선악과 신하의 충사와 국가의 안위와 백성의 치란을 들추어 권계를 삼기 위해" 쓰인 통치에 관한 역사책이다. 『삼국사기』는 '국가'라는 구심력에 의해 작동하는 역사 기술로 삼국의 정치에서 계승할 것과 극복할 것을 정리하여 권계로 삼기 위한 목적에서 편찬된 것이다. 국가를 지속시키는 힘이 무엇인지를 탐사하는 것, 이것이 인종과 김부식이 부여한 역사의 의미이다. 따라서 『삼국사기』는 역사 텍스트지만 기실 정치 텍스트에 다름 아니다. 12세기 중세 보편 문화의 흐름 속에 탄생한 『삼국사기』의 새로움은 이것이었다. 『삼국사기』는 '국가'와 '정치'를 원초적으로 고민하고 국가와 정치의 안녕을 상기하기 위해 제작된 것이다. 그 계승과 극복이라는 관점에서 볼 때, 정치의 흐름을 읽어 낼 수 있고 증험이 가능한 삼국에 중심을 둘 수밖에 없었던 것이다. 그래야 중국에 뒤지지 않는 정치를 펼칠 수 있지 않겠는가? 이렇듯 『삼국사기』는 인종과 김부식의 야심만만한 프로젝트에 의해 탄생한 것으로 이들이 부심한 것은 민족의 기원이 아니라 정치력의 정체였다.

다시 한번 강조해 마지않는다. 『삼국사기』는 중국에 대한 고려 제국의 자존심을 표현한 것이었다. 중국의 위상에 상응하는 삼국의 역사가 있었고 그 어느 시공간으로부터가 아니라 고려라는 '우리'를 조성한 삼국으로부터 배우겠다는 자긍심의 천명, 그것이 『삼국사기』의 편찬 목적이다. 역사서를 정리하고 싶었던 인종과 김부식의 지향은 한반도의 기원을 통해 세계제국으로 나아가고 싶어 했던 근대계몽기 지식인들의 의식과 크게 다르지 않다고 말해도 과언은 아니다. 다만 그 기원에 차이가 있었으니, 김부식은 한반도의 기원이 아니라 고려의 기원을 더 중시했을 뿐이다.

三國史記

Keyword

02.

김부식

역사를 배반하는 역사

3. 중세 보편주의 지식인, 김부식의 영광과 오욕

> 김씨는 대대로 고려의 문벌가문이어서, 이전의 사서에도 이미 실려 있다. 김씨는 박씨朴氏와 가문의 명성이 서로 비등하여, 그 자손들 가운데는 글과 학문이 뛰어나 등용된 사람이 많다. 김부식은 풍만한 얼굴과 큰 체구에 얼굴이 검고 눈이 튀어 나왔다. 그러나 널리 배우고 많이 기억하여 글을 잘 짓고 고금의 일을 잘 알아, 학사學士들의 신망을 누구보다 많이 받았다.(서궁,『고려도경』
>
> 민족문화추진회 옮김, 서해문집, 2005, 93쪽)

고려 인종 때 고려에 사신으로 왔던 송나라의 사신 서궁徐兢은『고려도경』高麗圖經이란 책에서 김부식의 인물됨을 이와 같이 기록했다. 고려의 일개 접반사接伴使였던 김부식은 서궁에게 매우 강렬한 인상을 남겼던 모양이다. 김부식의 화상까지 그려서 황제에게 바치고, 그의 세가와 인물됨을 기록으로 남기기까지 했을 정도니 말이다. 서긍 덕에 김부식은 송나라에 널리 알려지게 된다.

서긍의 묘사에 의하면, 김부식은 '풍만한 얼굴에 큰 체구에 검은 피부, 튀어나온 눈'으로 거의 『삼국지』의 장비를 연상시키는 외모를 지녔다. 선입견일 수 있지만, 김부식은 완벽한 무장의 외모를 지녔다. 서긍도 그렇게 받아들인 것 같다. 김부식의 매력은 무장의 외모로부터 뿜어져 나오는 박학하고 깊이 있는 지식이었던 듯하다. 김부식은 묘청의 난을 진압한 무장으로서 전략이 뛰어났을 뿐만 아니라 고려 최고의 지식인으로 중국 고문에 정통하고, 중국 고금의 역사를 꿰뚫고 있었다. 범상치 않은 외모에 이 외모로부터 상상하기 어려운 학식. 그야말로 김부식은 문무를 겸비한 지식인이었던 것이다. 서긍이 고려의 접반사 김부식에게 반했던 이유는 이 때문이었으리라.

김부식이 활동했던 시대는 무신과 문신을 엄격하게 구별하지 않았다. 관리들은 전형적인 무관이거나, 아니면 문무를 겸비하거나 둘 중 하나였다. 김부식은 문무를 뛰어나게 겸비한 고려시대 관료의 전범이었다. 김부식의 생애는 더할 나위 없이 명예로웠다. 고려 조정에서 대활약을 하며 송나라에까지 이름을 알리고, 조정에서 물러나서는 『삼국사기』를 편찬하고 영광스럽게 생을 마감했다.

김부식의 시대는 중국의 문화가 동아시아 세계의 문명을 주도했다. 중국이라는 거대 제국의 책·문장·사상·제도는 동아시아 주변국들의 수준을 가늠하는 척도였다. 제국이 되기 위해 중국의 문화를 적극적으로 흡수하지 않을 수 없었다. 고려가 중국으로부터 책을 얼마나 많이 수입하고 재빨리 수용했는지, 송나라의 시인 소동파蘇東坡: 소식(蘇軾). 동파는 호는 고려로 책 수출하는 것을 금지해야 한다고 건의할 정도였다. 이런 문화 수입을 무조건 모화慕華, 사대라고 매도하기는 어렵다. 문화의 보편화 과정이라는 관점에서 받아들여야 할 것이다. 고려는 중국 송나라에 대해 정치적으로, 경제적으로 종속되지 않았다. 당시의 보편 문화를 중국이 주도하고 있었기 때문에 중국의 선도적 문명을 수입했던 것이다. 고려는 중국 제국에 버금가는 문화적·제도적 발전을 민족의 긍지로 여겼다. 김부식은 그런 시대의 전형적인 지식인이다.

그러나 『삼국사기』의 운명이 그렇듯, 김부식 개인의 운명도 묘하기 짝이 없다. 살아서는 문장과 학식으로 이름을 떨치고 묘청妙淸의 난을 진압하여 정치적으로 승리했지만, 김부식 사후 그에 대한 후대인들의 평가는 매우 가혹하다. '살아 영광, 죽어 오욕', '살아 승리, 죽어 패배'는 김부식을 두고 한 말이 아닐까 싶다.

정치인 김부식 : 묘청과의 대결

김부식이 활동하던 고려 인종 연간은 나라 안팎으로 어지러웠다. 1125년엔 중국 북방에서 발흥한 여진족이 요나라를 멸망시키고 금나라를 세운다. 1126년엔 예종睿宗과 인종의 장인 이자겸李資謙과 그 일파 척준경拓俊京이 군사를 발동하여 대궐을 침범하고 궁궐을 불태운다. 이른바 이자겸의 난으로 왕권은 약화되고, 강대해진 금나라는 고려를 압박해 왔다.

급기야 조정의 관료들은 금나라를 섬기는 문제로 의견이 엇갈리게 된다. 왕권을 제압했던 이자겸과 척준경은 금나라의 군사력이 날로 강대한 데다 국경이 인접한지라 고려의 안녕을 위해서는 금나라와의 화친이 필요하다고 판단했다. 그러나 대부분의 관료들은 금나라를 섬기는 데 반대했다. 국가 대사에 관한 의견이 팽팽하게 맞서는 상황에서 조정에서는 금나라와의 정치·외교 문제를 태묘에 고하고 시초점蓍草占에 의거하여 결정하게 된다. "우리나라는 금나라와 연접되어 있는지라 사신을 보내어 강화를 하고싶기도 하며 혹은 군사를 훈련하여 방비 대책을 취하려고도 생각하여 이를 판단하기 위하여 점을 치는 것이니, 신이여, 해결책을명시하라!"(『고려사』 「세가」, 인종 4년, 3월 을미) 대부분의 신료들이 반대하는상황이기에 이자겸을 비롯한 문벌귀족들이 일방적으로 금나라와의 화친을 강행할 수는 없었던 것이다. 그렇지만 이자겸이 실권을쥐고 흔들던 이때 점괘는 당연히 금나라를 섬기는 쪽으로 해석되었다. 이에 고려 조정은 금나라에 신臣이라 칭하는 표문을 보내어작은 나라로서 대국을 섬기는 예를 갖추게 된다.

이자겸의 전횡은 외교 문제에 그치지 않았다. 얼마 후 이자겸은 군사를 보내 왕을 죽이려 했으나, 인종이 비밀리에 척준경을 매수하여 장인 이자겸을 잡아 가두게 한다. 인종은 실권을 되찾고 이자겸과 그 무리들을 귀양 보낸 후, 서경평양의 귀족 세력인 정지상

鄭知常의 상소로 척준경마저 유배를 보낸다. 그러나 중앙개경의 문벌귀족들은 조정의 실세로서 여전히 왕권을 제압했다. 이 시기 김부식은 어사대부 추밀원 부사로 있으면서 중앙의 문벌귀족을 이끄는 중심 세력으로 활약했다.

이러한 와중에 송나라는 고려와 연합해 금나라를 소탕하려고 절치부심하고, 금나라는 송나라를 견제하고자 고려에 대해 계속적으로 압력을 행사했다. 고려는 약소하고 고립된 나라로서 금나라와는 화친 관계를 유지하면서, 송나라에 대해서는 경제적·문화적 필요와 금나라를 견제하기 위한 목적으로 친교를 지속시켜 갔다. 인종은 금나라와 송나라를 견주며 줄타기 외교를 펼쳤던 것이다. 이런 상황에서 고려 조정은 두 파로 갈리었다. 중앙의 문벌귀족들은 금나라와의 화친을 고수하였고, 서경 중심의 지방 세력들은 금나라를 정벌하자는 강경한 입장을 내세웠다.

인종은 중앙의 문벌귀족과 지방의 귀족 세력을 저울질하며 약화된 왕권을 회복하기 위한 파워 게임에 고심했다. 이때 서경의 귀족 세력들이 지세가 쇠한 고려의 수도 개경을 떠나 기운이 왕성한 서경으로 천도할 것을 제안하고, 고려만의 칭제건원稱帝建元을 건의하며 금나라와의 결전을 주장했다. 이들은 서경으로 천도하면 금나라 및 주변의 36국이 신첩이 될 것이라는 낙관적 전망을 내놓으며 왕을 유혹했다. 인종은 서경 세력의 주장에 솔깃했다. 묘청妙淸·백수한白壽翰·정지상 등의 서경 세력들은 중앙의 문벌귀족들에게 집중된 권력을 분산시키고자 했고, 인종은 서경의 귀족 세력을 이용하여 강력한 왕권을 구축하고 싶어 했다. 이로 인해 인종과 서경 세력들은 의기투합했다.

묘청을 중심으로 한 서경파들은 고려의 독립적 위상을 보여 주는 사업뿐만 아니라 민심을 안정시키는 정책도 함께 펼쳤다. 서경파들이 반란을 일으키고 1년여 넘게 중앙 세력들과 대치할 수 있었던 것은 민심을 거스르지 않았기 때문이었다. 지방 관리들의 탐학을 엄격하게 다스리면서 농민의 생활 안정에 초점을 맞추고 빈민을 구제하는 등의 개선책을 펼침으로써 국정 전반을 개혁하려는 의지를 보여 주었던 것이다.

그러나 송나라의 반격으로 여러 지역에서 패배한 금나라가 고려에 대해 느슨한 태도를 취하고, 개경 중심의 세력들이 천도를 강력하게 반대하면서 서경파들은 난관에 봉착하게 된다. 여기에 더해 중흥사의 탑이 불에 타고, 임원궁의 정원이 폐허가 될 것을 암시한 새의 발자국이 나타나는 등, 서경에 불길한 조짐들이 잇달아 일어나면서 사태가 서경파에게 불리하게 돌아갔다. 이에 묘청 일파는 대동강에 기름 먹인 떡을 빠뜨려 오색의 상서로운 기운을 내도록 조작하지만, 이 사실도 김부식 일파에게 들통 나면서 급기야 인종은 서경 천도를 포기한다.

결국 인종 13년(1135) 1월 묘청은 서경에 머물고 있던 관료 조광趙匡·류감柳旵·조창언趙昌言 등과 함께 서경에 있던 개경 세력들을 체포·구금하고 반란을 일으킨다. 서경을 장악한 후 나라 이름을 대위大爲, 연호를 천개天開, 군대를 천유충의군天遣忠義軍이라 칭하고 여러 관속을 두어 그 자리를 모두 서경인으로 임명한다. 반란을 일으킨 서경파들은 "폐하는 음양의 지언을 믿고 도참의 비설을 상고하여 대화大華의 궁궐을 세우고 조천釣天의 제부帝部를 모방하셨습니다. 그러나 신하들이 임금의 마음을 체득하지 않고 한갓 고토古土에 애착되어 옮기기를 어려워하나 공을 막기는 어려운 것입니다"고 왕에게 봉서를 올려 인종이 서경으로 도읍을 옮기기를 거듭 제의한다.

그러나 사태는 묘청이 원하던 대로 진전되지 않았다. 묘청의 난이 전해지자 왕은 김부식을 원수로 삼아 그들을 정벌하도록 명령을 내린다. 김부식은 서경을 바로 공략하지 않고 서북민을 회유하면서 서경을 고립시키는 작전을 펼친다. 예상보다 길어진 싸움의 과정에서 서경파들은 분열하기에 이른다. 개경으로 밀고 나가자는 묘청 중심의 강경파와 강화를 주장하는 조광 중심의 온건파로 세력이 나뉜 것이다. 결국 조광은 묘청과 류감, 류감의 아들인 류호柳浩의 머리를 베어 가지고 가서 정부군에 항복한다. 그런데 정부군이 목을 가져 온 윤첨尹瞻·조창언·곽응소郭應素·서정徐挺 등을 가둬 버리자 도리어 서경의 토호, 농민 세력들이 다시 봉기하는 사태로 국면이 전환된다. 그러나 서경 반란은 끝내 성공하지 못한다. 서북으로의 확산을 막았던 까닭에 1136년 2월, 약 1년에 걸쳐 지속된 반란은 진압된다. 묘청 일파는 몰살당하고 김부식은 승전고를 울리며 개경으로 돌아간다.

묘청의 반란은 고려가 중세 제국으로 향하는 와중에 불거진

갈등이다. 묘청의 반란은 중국이라는 보편 문화의 흐름에 따르는 개경중심파들과 고려의 개별 문화를 조성하려했던 서경 중심파들 간의 싸움이었다. 운명의 여신은 개경파의 손을 들어 주었다. 서경의 신흥 귀족 세력은 김부식을 비롯한 중앙의 문벌귀족 세력을 이길 수 없었던 것이다. 결과적으로 보면 개경파의 승리는 금나라를 형님의 나라로 섬긴다는 의미이기도 했다. 개경파들은 금나라와의 전쟁에는 승산이 없다는 판단 때문에 강경 외교를 밀고 나가지 못했던 것이다. 이런 국제 정세에 대한 판단에 있어 개경파가 옳았는지, 서경파가 옳았는지는 판정내리기 어렵다. 일단 묘청의 반란은 김부식에 의해 정리되었고, 역사는 김부식을 전승자로 묘청을 반란자로 기록하였다.

그러나 근대 들어 역전이 일어난다. 신채호는 망명지에서 쓴 「조선역사상 1천 년래 제1대 사건」에서 이렇게 밝혔다.

서경 전투에서 양편 병력이 서로 수만 명에 지나지 않고 전투의 기간이 2년도 안 되지만 그 결과가 조선 사회에 끼친 영향은 고구려의 후예요 북방의 대국인 발해 멸망보다도 몇 갑절이나 더한 사건이니 대개 고려에서 이조에 이르는 1천 년 사이에 이 사건보다 더 중요한 사건은 없을 것이다. 역대의 사가들이 다만 왕의 군대가 반란의 무리를 친 싸움 정도로 알았을 뿐이었으나 이는 근시안적 관찰이다. 그 실상은 낭불郞佛 양가 대 유가의 싸움이며, 국풍파 대 한학파의 싸움이며, 독립당 대 사대당의 싸움이며, 진취사상 대 보수사상의 싸움이니, 묘청은 곧 전자의 대표요, 김부식은 곧 후자의 대표였던 것이다. 이 전투에서 묘청이 패하고 김부식이 승리하여 조선 역사가 사대적·보수적·속박적 사상, 즉 유교사상에 정복되고 말았거니와 만일 이와 반대로 묘청이 승리했다면 독립적·진취적 방면으로 나아갔을 것이니, 이 사건을 어찌 1천 년래 조선사의 제1대 사건이라 하지 않으랴(신채호, 『조선사연구초』 『단재 신채호 전집』 2권, 독립기념관 한국독립운동연구소, 2007, 299쪽)

신채호는 반란자 묘청을 혁명가 묘청으로 다시 불러낸다. 신채호는 묘청의 반란을 중앙귀족과 신흥 귀족의 싸움으로 보지 않았다. 이것은 근시안적인 해석에 불과하다고 비판했다. 신채호는 묘청의 반란을 민족주의 대 사대주의의 싸움으로 해석한다. 그렇기 때문에 화친을 주장한 김부식은 나라를 말아먹은 역적이며, 우리의 역사를 한껏 후퇴시킨 인물로 비난받아 마땅했던 것이다. 반면 반란자였던 묘청은 독립적·진취적 사상가로서 새로운 평가를 받게 된다. 김부식은 신채호를 만나 완벽하게 패배하고 완벽하게 다시 죽는다. 이 시대의 기운은 김부식을 용납할 수 없었다. 제국주의의 광기 속에서 민족을 지키기 위해 절치부심했던 신채호가 김부식을 오욕스럽게 취급한 것은 그 시대가 만들어 낸 어쩔 수 없는 정서였다. 김부식에 대한 매도는 '식민주의'의 광풍 때문이었던 것이다. 지금 읽으면 김부식에 대해, 『삼국사기』에 대해 지독

한 편견을 가졌다고 말할 수 있지만, 그렇다고 이 시대의 진정성까지 부정할 수는 없는 것이다.

문장가 김부식 : 정지상과의 대결

김부식은 뛰어난 문장가였다. 고려의 문장, 하면 반드시 김부식을 떠올린다. 문장가 김부식을 거론하면 자동적으로 뒤따라 나오는 인물이 있다. 바로 시인 정지상鄭知常이다. 지금까지도 '문장의 김부식' 하고 나면 '시의 정지상'이 자동적으로 뒤따라온다. 김부식과 정지상은 나란히 일컬어진다.

정지상은 김부식보다 한 10년 정도 뒤에 태어난 후배다. 김부식은 개경의 문벌귀족 출신이고, 정지상은 서경의 한미한 집안 출신이다. 김부식은 일찍부터 문장으로 주목받고, 관리로서도 승승장구했다. 그에 비하면 정지상은 어려서부터 시로 명성을 얻었으나 과거를 통한 입신의 길은 뜻대로 되지 않아 10여 년간 여기저기를 떠돌았다. 예종 때 과거에 급제하여 벼슬길에 오르면서 인종 때 와서야 비로소 이름을 날리기 시작했다. 정지상은 1127년 척준경을 탄핵하여 추방함으로써 정치적 입지를 다지고 서경 세력들이 조정에서 힘을 얻는 데 주요한 역할을 하였다. 이때부터 정지상은 서경파의 중심 세력으로 부상하면서 정치적으로 김부식과 대치하게 된다.

김부식과 정지상의 대결은 '묘청의 난'으로 표면화된다. 김부식은 왕에게 묘청의 반란을 진압하라는 명을 받고 서경으로 떠날 채비를 한다. 정지상은 묘청의 난이 터졌을 당시 개경에 체류하고 있었다. 김부식은 군사들을 먼저 보내고 나서 대신들과 정지상 일파를 제거하기로 합의한다. 왕에게는 알리지 않고 부하들에게 정지상, 김안金安, 백수한을 사형하도록 명령한다. 김부식은 사형이 집행된 후에야 왕에게 알린다.

일절의 심문도 없이 속전속결로 서경파를 사형시킨 김부식의 행동에는 뭔가 석연치 않은 구석이 있었다. 김부식의 명분은 개경에 남은 정지상 일파가 서경에서 반란을 일으킨 묘청 일파와 내통할 가능성이 있기 때문에 사형에 처한다는 것이었다. 그러나 왕에게 알리지도 않고 정지상 일파를 처벌한 김부식의 처사는 납득하기 어려운 것이었다. 이 때문에 왕은 서경 정벌에 관한 일체의 전권을 김부식에게 주면서도 살육을 많이 하지 말라는 명령을 함께 내린다. 일종의 경고였던 것이다.

김부식의 이 납득되지 않는 행동은 두고두고 논란거리를 남겼다. 정지상은 『고려사』「열전」에 입전立傳되어 있지 않다. 묘청은 반란을 일으킨 주모자였기 때문에 「열전」의 '반역'조에 기술되었으나, 정지상은 반역자로 입전되지는 않았다. 서경 천도의 중심 세력이었지만 묘청의 반란에 직접 가담했다는 증거가 없었기 때문에 아예 정지상의 열전은 쓰지조차 않은 것이다. 그렇지만 정지상에 관한 평가가 부족하다 여겼는지 묘청의 열전 뒷부분에 정지상에 관한 이야기가 전해진다. "사람들은 김부식과 정지상은 평소에 글에서의 명망이 서로 비등하였으므로 김부식이 불평을 품고 이때에 와서 묘청과 대응했다는 구실로 살해하였다고 했다."

사관은 속설에 기대어 김부식의 정당치 못한 처사를 암암리에 비판한다. 당시 여론은 김부식이 정치적 이유 때문에 정지상을 죽였다고 보지 않았다. 김부식이 문장으로 선두를 다투던 정지상을 질투해서 죽였다는 것이다. 김부식은 문장가로서도 시인으로서도 제일인자가 되고 싶어 정지상을 죽인 것이다. 사람들은 김부식의 저의를 의심하며 정지상의 억울한 죽음을 해명했다. 사관도 여론에 동조하여 묘청의 열전 한 자락을 정지상을 해원하는 데 바쳤던 것이다.

우리가 알고 있는 바, 정지상은 그 유명한 칠언절구 「송인」送人을 지은 시인이다.

비 개인 긴 둑에 풀빛이 짙은데雨歇長堤草色多
님 보내는 남포에 슬픈 노래 울리는구나送君南浦動悲歌
대동강 물은 어느 때에 마를꼬?大同江水何時盡
이별의 눈물, 해마다 푸른 물결에 더해지네別淚年年添綠波

중학교만 졸업하면 정지상의 「송인」은 다 안다. 시에 조금이라도 관심을 가진 이라면 「송인」의 한 구절 정도는 외울 만큼 정지상은 시인으로서 꽤 대중적이다. 조선 후기의 문인 신위申緯는 정지상의 시를 "우뚝한 대장부 앞의 아리따운 아가씨 같다"고 묘사했다. 정지상의 아름답고 절절한 시적 감성에 사람들은 여전히 공명한다.

그런데 김부식도 정지상과 대결할 정도로 시를 잘 지었다. 조선시대에 김부식과 정지상은 특장이 각기 다른 시인으로 평가받았다. "김부식은 충실하지만 아름답지는 못하였고, 정지상은 아름답지만 떨치지는 못했다."(성현, 『용재총화』, 김남이·전지원 외 옮김, 휴머니스트, 2015, 31쪽) "김부식의 시는 엄정하고 전실典實하여 정말 덕 있는 사람의 말 같고, 정지상의 시는 말과 운韻이 깨끗하고 아름다우며 격조가 호탕하고 빼어나서 만당晩唐의 시체詩體를 깊이 터득하였으니 두 사람은 기상이 다르다."(서거정, 『동인시화』東人詩話, 박성규 옮김, 집문당, 1998, 34쪽)

고려시대 문사들은 시소詩騷: 시부(詩賦)를 업으로 삼았다. 문사들에게 문장 수련도 필수였지만, 문사들의 자부심은 시재詩才로 좌우되었다. 김부식은 문장가로는 제일이었지만 시에서는 정지상에게 밀렸다. 김부식이 시를 못 썼다는 말은 아니다. 김부식은 시에 있어서도 빼어난 재능을 보였다. 그렇지만 정지상의 시를 제일로 여기는 시대에 이 벽을 넘어설 수 없었던 것이다. 더구나 절구시에 있어서만은 정지상을 따라올 자가 없었다. 김부식은 엄정하고 전실한 특성을 지녔다고 하는데, 시적 운치에서 정지상을 넘어서기는 힘들었던 것이다.

김부식과 정지상의 죽음에 얽힌 더 구체적인 일화는 이규보의 시화를 모아 놓은 『백운소설』白雲小說에 전한다. 이 일화 속에서 김부식과 정지상은 참으로 치열하면서도 처절하게 대결한다. 현실에서 김부식은 정지상을 죽이고 정치권력을 잡았지만, 이야기 속에서의 김부식은 정지상의 그늘에 가려진 시인으로 정지상에게 조롱당하고 응징되는 2인자에 불과하다. 고려 사람들은 김부식과 정지상의 설화를 통해 정지상의 재주를 두고두고 아까워하며, 김부식의 질투를 되새겼던 것이다.

> 시중 김부식과 학사 정지상은 문장으로 함께 이름이 났는데, 두 사람은 알력이 생겨서 서로 사이가 좋지 못했다. 정지상이 지은 시구 때문이었다. 일찍이 정지상은 "절에서 독경소리 끝나니 / 하늘빛이 유리처럼 맑아진다"(琳宮梵語罷 天色淨琉璃)란 시를 지은 적이 있다. 김부식이 이 시를 좋아하여 자기의 시로 삼으려 하자 지상은 끝내 들어주지 않았다. 뒤에 지상은 부식에게 피살된다.(이규보, 「백운소설」, 「동국이상국집」 부록)

사람들은 정지상이 '역모자'이기 때문에 김부식이 그를 죽인 것이라고 생각하지 않았다. 김부식이 정지상의 시를 넘어설 수 없자 질투해서 죽인 것이라 단정했기에, 그 뒷이야기들이 여러 버전으로 전해진 것이다. 그리하여 억울하게 죽은 정지상은 죽음으로 사라지지 않고, 이야기 속에서 살아남는다. 피살된 정지상이 음귀陰鬼가 되어 김부식에게 나타난 것이다.

부식이 어느 날 봄에 관한 시를 지었다. "버들 빛은 일천 실이 푸르고 / 복사꽃은 일만 점이 붉구나"(柳色千絲綠 桃花萬點紅)라고 지은 것이다. 갑자기 공중에서 정지상 귀신이 부식의 뺨을 치면서, "일천 실인지, 일만 점인지 누가 세어 보았느냐? 왜 '버들 빛은 실실이 푸르고 / 복사꽃은 점점이 붉구나'(柳色絲絲綠 桃花點點紅)라고 하지 않는가?"라고 하며 부식의 시를 조롱했다.(이규보, 「백운소설」 「동국이상국집」 부록)

시의 문외한인 우리도 '일천 실이 푸르고, 일만 점이 붉다'보다는 '실실이 푸르고, 점점이 붉구나'가 훨씬 운치가 있음을 느낄 것이다. 김부식은 이처럼 시에 있어서는 정지상의 하수였다. 이런 정지상을 미워하고 질투하지 않을 수 있었겠는가?

어느 날인가 부식이 한 절에 가서 측간에 올라 앉았더니, 정지상 귀신이 뒤쫓아 와서 음낭을 쥐고 묻기를, "술도 마시지 않았는데, 왜 낯이 붉은가?" 했다. 부식은 천천히 대답하기를, "언덕에 있는 단풍이 낯에 비쳐 붉다"고 했다. 정지상의 귀신은 음낭을 더욱 죄며, "이놈의 가죽주머니는 왜 이리 무르냐?" 부식은, "네 아비 음낭은 무쇠였더냐?" 하고 얼굴빛을 변하지 않았다. 정지상 귀신이 더욱 힘차게 음낭을 죄므로 부식은 결국 측간에서 죽었다.(이규보, 「백운소설」 「동국이상국집」 부록)

이야기 속에서 김부식은 어이없게도 측간에서 죽는다. 음낭을 죄는 정지상에게 지지 않으려고 끝까지 대들다가 김부식은 끝내 죽게 된다. 실제로 김부식이 측간에서 죽었는지는 알 수 없다. 이 죽음은 김부식이 정지상의 시를 질투하여 피살한 데서 비롯된 일종의 인과응보이자 김부식의 라이벌 의식이 이 정도로 치열했다는 것을 보여 준다. 사람들은 정지상의 손을 들어 줬다. 사람들은 질투에 눈이 멀어 아까운 인재를 죽인 김부식을 용납하지 않았다. 게다가 참으로 치졸하면서도 어이없게도 측간에서 죽은 것으로 마무리했다. 장렬한 죽음조차 허용되지 않았던 불운한 김부식.

4. 역사가 김부식 : 일연과의 대결

고려시대에 편찬된 삼국의 역사서를 말하려면, 김부식의 『삼국사기』와 일연의 『삼국유사』를 비교해서 이야기하지 않을 수 없을 것이다. 김부식은 유학자요 일연은 불승, 하나는 정사요 하나는 야사, 하나는 문헌 조사를 중심으로 하나는 현지 조사를 중심으로 기술되었다는 점에서 두 역사책은 대칭을 이룬다. 이 때문에 『삼국사기』를 읽으면 『삼국유사』가 궁금해지고, 『삼국유사』를 읽으면 『삼국사기』가 궁금해진다.

우리에게 삼국 역사를 알려 준 가장 오래된 기록이라는 점에서, 안타깝지만 우리나라에서 삼국의 역사에 관한 한 이 두 권밖에는 전해지는 역사책이 없다는 점에서, 『삼국사기』와 『삼국유사』는 운명 공동체라고 할 수밖에 없다. 더구나 김부식의 역사의식을 이야기하려면, 김부식과는 다른 차원의 역사를 구성했던 일연의 역사의식을 빼놓을 수 없는 것이다. 이런 비교 속에서 김부식은 사대주의자로 일연은 우리 문화의 수호자로 일컬어졌으며, 김부식은 국가주의자로 일연은 민중주의자로 대별되었다. 김부식과 일연이 이렇게 극명하게 다르게 평가된 이유는 두 사람의 역사의식이 달랐기 때문일 것이다. 그러나 역사가 김부식과 일연을 과연 이렇게 변별할 수 있는 것인지는 다시 따져 봐야 할 문제이다.

김부식, 역사는 고증 가능해야 한다

『고려사』의「김부식 열전」에 의하면, 김부식은 조정에서 예의규범에 관한 의견을 제안할 때도 중국의 역사와 제도를 기준으로 삼았다. 인종 연간 이자겸이 왕의 장인으로서 국권을 쥐고 흔들 때 이자겸에게 아부했던 정극영鄭克永, 최유崔濡, 박승중朴昇中 등의 신하들은 왕에게 상소를 올린다. '왕후의 부모는 신하의 예로서 대우하지 않으니, 이자겸이 주상에게 올리는 글에는 신臣이라고 쓰지 않으며, 군신의 연회에서 이자겸은 백관들과 같이 뜰에서 하례할 것이 아니라 왕이 계신 막차幕次: 의식이나 거둥 시에 왕이나 고관들을 머무르게 하던 장막에 올라 배례하고 전殿에 앉게 해야 한다'거나 '이자겸의 생일을 인수절이라고 칭하자'는 것이다. 이런 제안에 반대했던 신하가 김부식이었는데, 김부식이 의거한 바가 중국 한나라·위나라의 사적과 『예기』였다. 김부식이 의리를 밝히고, 제도를 만들어 가는 기준은 중국의 사적과 문물제도였다.

김부식의 시대만이 아니라 삼국시대에 이미 중국 문화는 선진 문화로서 동아시아 세계에 지대한 영향을 미쳤다. 동아시아 주변국들이 문명적 혹은 문화적이기 위해서는 중국의 문화를 배우지 않을 수 없었던 것이다. 말하자면 중국 문화는 중세 동아시아의 보편 문화에 다름 아니었다. 12세기의 동아시아 엘리트 지식인 김부식은 문장과 학문에 있어서 최고였다. 그 말은 중국의 문장과 학문에 정통했다는 뜻이다. 게다가 김부식은 고려가 세계 제국에 뒤지지 않는다고 자부했기 때문에 더더욱 고려의 모든 문화가 중국과 비교해서 손색없기를 바랐다. 고려의 제국적 위용이 명실상부하려면 정치·제도·문장·학문·역사 모든 방면에서 보편 문화로서의 중국이 준거가 되지 않을 수 없었다.

김부식에게는 역사 서술도 마찬가지였다. 우리의 역사 서술이 중국 역사에 비견하여 손색이 없어야 한다는 것이었다. 삼국의 역사를 기술할 때 중국의 역사 기술이 척도가 되었던 것은 중국을 보편 문명으로 여겼던 지식인에게 있어서 지극히 자연스런 일이었다. 김부식이 척도로 삼은 중국의 역사는 공자의 『춘추』, 사마천의 『사기』, 동중서董仲舒의 『춘추번로』春秋繁露와 같은 유가적 역사의식에 의해서 편찬된 책들이다. 김부식은 유가의 역사학 혹은 역사철학을 본보기로 삼았다. 유가의 역사 기술은 허탄한 것은 배제한다. 공자가 말한 바 괴력난신怪力亂神, 즉 괴이한 일, 헛되게 힘쓰는 일, 어지러운 일, 귀신에 대한 일은 거론하지 않는 것이 원칙이다. 그러하므로 역사는 고증 가능해야 기록한다. 객관적이고 합리적인 사건만을 기록한다. 객관적으로 검증되지 않는 허황한 이야기들을 담는 것은 '정사'正史가 아니다. 김부식은 유가 역사학에 입각하여 우리 역사를 다시 써야 할 필요를 느꼈다.

김부식이 본 바로 기존의 역사서는 이런 원칙에 부합하지 않았다. 우리의 역사를 기록한 중국의 역사책에도, 우리의 역사책에도 부족한 것이 많았다. "범엽范曄의 『한서』漢書, 송기宋祁의 『당서』唐書에 모두 「열전」이 있기는 하나, 내부의 일은 자상하게 다루고 외부의 일은 허술하게 만들었기 때문에 갖추어 싣지 아니하였고, 『고기』古記는 문자가 너무 졸하고 사적도 빠진 것이 많은 까닭으로 군왕의 선악과 신자의 충사와 국가의 안위와 백성의 치란이 모두 정확하게 드러나지 못하여 근계勤戒를 남길 수 없다."(「진삼국사기표」 『삼국사기』)

김부식은 『춘추』와 『사기』에서 배운 바, 고증 가능한 역사, 그리고 정치의 잘잘못을 포폄襃貶하여 권계를 가능케 하는 역사로 방향을 전환했다. 이 때문에 과거의 시간들이 역사적 사건이 되려면 '사실'이어야만 하고, 객관적 증거가 확보되어야만 한다. 사실이라 하기도 어렵고, 증거를 댈 수 없는 허탄한 사건을 가지고 합리적 평가를 하기는 어려운 법. 김부식은 역사에서 신이하고 황탄한 것을 제거했다. 이렇듯 역사가가 어떤 역사의식을 갖느냐에 따라 선택과 배제, 기억과 망각은 다르게 드러난다. 김부식은 합리적인 세계를 선택·기억하고, 비합리적인 세계는 배제·망각했다.

동명왕에 대한 신기한 이야기는 세상에 널리 전파되어 아무리 어리석고 몽매한 사람이라도 이 이야기만은 잘할 줄 안다. 나도 일찍이 이 이야기를 들었건만 그때 나는 웃고 말았다. 공자가 괴상하고 요란한 귀신 이야기는 하지 않았다 하기에 이 역시 황당하고 괴이한 이야긴지라 우리들이 즐겨 말할 바가 아니라고 생각하였기 때문이다. 그 뒤 『위서』魏書와 『통전』通典을 읽으니 거기에 또한 이 이야기가 실려 있는데 내용이 간략하여 상세하지 못했다. 자기네 중국 이야기라면 자세히 썼으련만 다른 나라 이야기라 이다지 간략하게 쓴 것이 아니겠는가?

지난 계축년(1193) 4월 『구삼국사』를 구했는데 거기에 실린 「동명왕본기」를 보니 신비로운 사적이 세상에 알려진 것보다 훨씬 더 많았다. 그러나 처음에는 역시 잘 믿기지 않아 그저 괴상하고 황당한 이야기려니 하였다. 그러다가 여러 번 거듭 읽으면서 참뜻을 생각하고 그 근원을 찾아보니, 이것은 황당한 것이 아니요 성스러운 것이며 괴상한 것이 아니라 신비로운 것이었다. 하물며 나라 역사의 정직한 필치에 무슨 거짓이 있겠는가!

김부식 공이 다시 『국사』를 편찬하면서 동명왕의 사적을 자못 간략하게 다루었는데, 공은 아마 국사란 세상을 바로잡는 글이라 매우 이상한 이야기를 기록하여 후세에 전함이 옳지 않은 일이라고 생각한 모양이다.(이규보, 「동명왕편」, 『동국이상국집』 제3권)

이규보李奎報, 1168~1241는 1193년에 신이한 세계를 수습하여 전하기 위해 서사시 「동명왕편」을 짓는다. 이규보는 애초에 황당하고 괴이한 이야기를 믿지 않았다. 그러다 가만히 읽어 보니, '황당한 게 아니라 성스러운 것이요 괴이한 게 아니라 신비로운 것'임을 깨닫는다. 이규보는 합리로만 설명할 수 없는 성스럽고 신비스러운 세계의 진실에 눈을 뜬다. 그래서 역사에서는 망각시키려 한 것을 서사시의 세계에서 기억하려 한다. 역사에서는 용납될 수 없는 것을 문학에서 수용한 것이다. 이규보는 김부식이 배제한 바, 과거의 신이한 사건을 역사 안으로 복권시키지는 못한다. 다만 역사 밖에서 전승하려고 한다.

그런데 『구삼국사』에서는 허탄과 합리를 굳이 변별적으로 바라보지 않은 듯하다. 허탄과 합리를 선별한 것은, 김부식에서부터이다. 김부식은 건국 신화와 같은 괴이한 일들을 믿지 못했다. 그럼에도 불구하고 동명왕 신화, 혁거세 신화 등 삼국의 건국신화를 싣지 않을 수는 없었다. 전해진 것이 오래되어 실제의 일처럼 되어 버렸기 때문이다. 그러나 건국신화 안에서도 지나치게 허황하고 괴이한 부분은 제거하고 실제로 일어날 법한, 믿을 법한 부분만 추려 재구성했다.

김부식에게 과거는 과거만이 아니라 정치학이었기 때문이다. 미래를 대비·예측하려면 과거의 사건이 허황해서는 안 된다. 그러니 기억하고 기록할 사건들은 철저한 고증을 거쳐야만 한다. 김부식이 문헌에 근거하여 사료를 모은 것도 이 때문이다. 증거를 인멸하려는 다분히 사대적이고 반민족적인 의도에서가 아니라, 증명

할 수 있는 자료를 확보하기 위함이었다. 그리하여 김부식은 중국 역사서와 우리 역사서에 기록된 자료들을 수집하고, 이 사료들을 중심으로 삼국시대 역사를 구성하였다. 그러니 김부식에 대해 중국 사료만 선택하고 우리 고유의 사료는 없애 버린 증거인멸자라는 비난은 또 하나의 편견이다. 모든 역사가는 어떤 것은 기억하고 어떤 것은 망각하기 때문이다.

일연, 허탄한 이야기도 역사다

'괴·력·난·신'怪力亂神의 사건을 담아낸 역사책 『삼국유사』. 승려 일연一然, 1206~1289은 기이하고 허탄하다는 이유 때문에 버려진 이야기들을 수습하여 『삼국사기』와는 다른 '또 하나의 삼국 역사'를 구성한다. 증명하기 어렵고 경험의 세계로는 설명이 안 되는, 기껏 설화로나 취급될 법한 이야기들에서 역사의 진실을 보았던 일연. 일연이 아니었다면 '괴력난신'의 이야기들은 역사 저편으로 사라져 버렸을 것이다.

　『삼국유사』의 마치 가공한 듯한 신이한 이야기들이 사실인지 아닌지를 찾아내는 것은 중요하지 않다. 이 이야기들을 통해 일연이 전하고 싶었던 바는 역사적 진실과 삶의 역동성을 우리의 현실로 만드는 것. 이것이 『삼국유사』와 만나는 방법이 아닐까?

　13세기의 일연은 『삼국사기』가 그어 놓은 역사의 경계를 뛰어넘고자 했다. 앞선 시대의 역사서를 뛰어넘어 새로운 역사의 지평을 열어 보려고 했던 것이다. 일연은 정사인 『삼국사기』에서 배제한 '괴력난신'의 이야기를 싣기 위해 『삼국유사』를 지었다.

대개 옛 성인이 예악으로 나라를 일으키고 인의로 가르침을 베풀 때에는 괴이한 일과 헛된 용맹, 그리고 어지러운 일과 귀신에 대해 말하지 않았다. 그러나 제왕이 장차 일어날 때에는 부명과 도록을 받들어, 반드시 보통 사람과는 다른 점이 있은 뒤에야 큰 변화를 타서 천자의 지위를 얻어 왕업을 이루는 것이다. 그러므로 황하에서 그림이 나오고, 낙수에서 글씨가 나타나 성인이 태어났다. 심지어는 무지개가 신모를 둘러 복희를 낳았고, 용이 여등과 교접해 염제신농씨를 낳았다.
… 이 뒤의 일들을 어찌 다 기록할 수 있겠는가. 그렇다면 삼국의 시조가 모두 신비하고 기이한 데서 나왔다 한들 어찌 괴이하랴. 이것이 「기이」를 여러 편 앞에 두는 까닭이다. 나의 뜻이 바로 여기에 있다.(「머리말」, 「기이」, 『삼국유사』)

일연은 제왕이나 고승 또는 치열하고 강도 높은 신앙심을 가진 존재들 즉 성인에 준하는 인물들은 분명 하늘이 내렸기 때문에 보통 사람과 다르게 이적이 일어난다고 보았다. 혹은 남다른 행위를 하면 그에 합당한 이적이 뒤따른다고 생각했다. 일연이 보기에 이것은 괴이한 일이 아니라 역사적 진실이었다. 일연에게 역사적 진실은 객관적 사실에서만 오는 것은 아니었다. 사건이 전하는 바, 신성함과 감동과 기대(희망)가 역사의 심급審級, instance이라 생각했다. 그 때문에 일연은 괴력난신의 이야기들 중에 왕조와 관련된 이적들, 종교적 이적들을 기록했다. 김부식이 유가적 합리주의에 입각해서 역사를 기록했다면, 일연은 보이지 않는 세계의 신비, 종교적 경이에서 역사 기술의 의미를 찾아냈다고 할 수 있다.

이 때문에 조선시대까지『삼국유사』는 역사가들에게 "허탄하다" 혹은 "황탄하다"고 평가받았다. 한반도의 고대사를 고증하기 위해『삼국유사』를 참고하지 않을 수 없었다 하더라도 조선시대 유학자들의 대체적 입장은『삼국유사』속의 허황한, 검증되기 어려운 괴이한 사건들은 배제해야 한다는 것이었다.

그러다 근대의 역사가들에 의해『삼국유사』는 대단히 호평을 받게 된다. '단군조선'이라는 우리의 뿌리를 수록한 일연의 역사 기술 때문이었다. 단군조선은 조선시대 역사가들에게 간과되었던 것은 아니지만, 근대사가들에 의해 한민족의 뿌리로 열렬한 관심을 받았다. 이들에 의해『삼국사기』와『삼국유사』는 전적으로 비교당했다.『삼국유사』로 인해 지식인의 역사가 민중의 역사로, 사대의 역사가 자주의 역사로 바뀌었다는 것이다. 이리하여『삼국유사』는 당당하게 역사의 적자로 자리잡는다.

놀라운 사실 하나. 근대에 이르러『삼국유사』가 재발견된 것은 우리 학자들에 의해서가 아니다. 도쿄제국대학 사학과의 시라토리 구라기치白鳥庫吉, 1865~1942가「단군고」檀君考라는 논문을 발표

한 것은 1894년 1월. 오대산사고본『조선왕조실록』을 도쿄제대로 가져간 장본인이기도 한 시라토리는『삼국사기』와『삼국유사』를 이렇게 평가하였다. "『삼국사기』는 중국의 사적에서 거의 절반 이상을 표절했다.『삼국유사』는 오리지널 현물을 가지고 있으나 가치는 그다지 크지 않다.『삼국사기』보다는 이『삼국유사』가 조선 고유의 것을 많이 포함하고 있다. 이 점에서 나는『삼국사기』보다는『삼국유사』쪽이 가치 있다고 받아들이고 있다."(고운기,『도쿠가와가 사랑한 책』현암사, 2009, 314쪽)

그리고 1904년 8월 도교제국대학에서『삼국유사』가 출판되었다. 일본에 공부하러 갔던 최남선이 이 책을 샀고, 1927년 계명구락부啓明倶樂部: 1918년 서울에서 조직되었던 애국계몽단체의 기관지『계명』에다 일연의『삼국유사』를 실었다. 시라토리는『삼국유사』를 조선의 고유함을 담은 역사서로『삼국사기』보다는 가치있게 받아들였고, 우리의 근대사가들도 이와 같은 평가의 연장선상에서 더 적극적으로『삼국유사』를 긍정했던 것이다.

『고기』에는 실렸지만『삼국사기』에는 없는 고조선의 '단군신화'를 일연은 역사로 복원하였다. 김부식은 삼국시대사를 쓰면서 그 이전의 역사에는 관심을 보이지 않았는데, 일연은 어찌하여 단군조선과 상고사를 삼국의 역사에 편입시켰던 것일까? 일연이 남달리 투철한 민족의식을 가졌기 때문일까? 결론부터 말하자면 일연이 한민족에 대한 남다른 애정을 가졌기 때문에 상고사를 기술했다고 볼 수는 없다.

일연이 주목한 바는 삼국 자체였다. 성스러운 불국토로서의 삼국, 그 신비한 시공에 역사성을 부여하고 싶었던 것이다. 김부식이 고려의 전사前史로서 삼국 역사를 다뤘다면, 일연은 삼국 자체를 다루는 데 의미를 두었다고 할 수 있다. 그러다 보니, 삼국이 어떻게 형성되었는지로 관심이 확장될 수밖에 없었던 것이다. 김부식이 고려 제국의 자부심을 찾기 위해 삼국이라는 기원으로 올라갔듯, 일연은 삼국에 대한 자부심으로 삼국의 기원이 되는 상고사로 촉수를 뻗었던 것이다. 그리하여 단군신화와 상고사가 『삼국유사』에 자리하게 된 것이다. 그 결과 『삼국유사』는 한반도의 국가 기원과 민족 연원을 표상하는 결정적인 역사책으로 도약할 수 있게 된다.

일연은 신채호와 최남선에게 구세주였고, 우리에겐 조상의 뿌리를 알게 한 은인이다. 이런 상고사를 싣지 않았다면 우리의 역사는 지나치게 평범하고 지나치게 현실적일 뻔했다. 신비와 고증을 오가는 『삼국유사』의 기술 덕택에 우리는 고대와 현재를 환상적으로 넘나들 수 있게 된 것이다.

야사는 민중적인가?

많은 학자들은 근대 초기의 평가를 이어받아 『삼국유사』의 서민성을 적극적으로 호평했다. 고려가 이민족의 침입과 문무 귀족의 횡포로 인해 자주성을 상실하는 상황에서 이를 극복하기 위해, 혹심한 고통에도 굴하지 않는 백성들의 자주성과 저력을 일연이 발견했다고 본 것이다. 그 증거로 단군신화, 불국토 사상, 민중 관련 설화를 내세웠다.

『삼국유사』는 관찬이 아니라 개인이 편찬한 것이고, 유학적인 역사의식에 입각한 역사 기술이 아니라 야사 즉 설화적인 기술이라 더 각광받았으며, 이 덕분에 자주적·민중적이라는 긍정적인 평가까지 받았다. 이런 평가는 전적으로 옳은가? 정사에는 수록하기 어려운, 떠도는 이야기를 담았다고 민중적 혹은 서민적이라 말할 수 있는가? 단군조선부터 시작하여 신라·고구려·백제 이전에 존재한 나라들의 실체를 인정하고, 신라 불국토 사상을 담고 있다고 하여 민족혼을 일깨우는 자주의식이라 말할 수 있는가?『삼국사기』에 대한 일부의 평가가 편파적이듯이,『삼국유사』에 대한 평가도 일면은 수긍이 가지만 일면은 치우친 것이 아닌가 싶다.

일연을 서민적인 고승이라고 상상하는 경우가 있는데, 이는 착각이다.『삼국유사』의 야사로서의 성격 때문에, 그리고 자료의 현장성 때문에 일연이 원나라에 저항적이며, 서민들의 마음에 주목했을 거라는 믿음 아닌 믿음, 기대 아닌 기대를 가진 것은 사실이다. 그렇지만 실상 일연은 권문세족의 비호 아래 국존國尊의 자리에 오른 승려이다. 일연은 무신집권기 무신정권에 반발해 신라 부흥운동을 기도하거나 몽고에 대한 저항의식을 보여 준 적이 없다.『삼국유사』가 경상도를 기반으로 한 반무신파反武臣派들에 의한 신라정통의식의 산물이자, 몽고 침입에 항거한 민족의식의 소산이었다는 것은 그 시대사를 견강부회하는 해석이라 할 수 있다.

김부식이 최상층 지식인이었던 것처럼 일연 또한 충렬왕忠烈王, 재위 1274~1308의 총애를 받았던 최상층 지식인이었다. 조선시대와 달리 신라, 고려의 승려들은 학식으로나 문화적으로나 신분적으로 최상위 계층이었다. 삼국시대부터 고려시대까지의 승려들은 조선시대 사대부 문인들만큼이나 높은 학식과 문장력을 갖추고 있었다. 한 예로 박을 두드리며 노래했던 거리의 승려, 원효대사元曉大師는 『금강삼매경론』金剛三昧經論, 『대승기신론소』大乘起信論疏를 지은 불교 이론가였다.

일연은 경주의 장산 출신으로 열네 살에 출가하여 선문禪門의 하나였던 가지산문파迦智山門派로 불도를 수행했다. 가지산문파는 통일신라 헌덕왕憲德王, 재위 809~826 때 보조선사普照禪師 체징體澄이 남종선南宗禪의 도의道義를 종조로 삼아 가지산 보림사에서 일으킨 선문의 하나다. 가지산은 경남의 울주, 밀양, 청도에 걸쳐 있는 산이다. 가지산문파는 일연 이전에는 고려의 불교 종단 내에서 영향력이 크지 않았다. 고려 승단의 중심축은 무신난 이후 신앙결사운동으로 불교 대중화에 힘썼던 지눌知訥의 수선사와 요세了世의 백련사였다.

가지산문파가 영향력을 갖게 된 것은 일연이 충렬왕의 총애를 받게 된 이후였다. 일연은 박송비朴松庇, 나유羅裕와 같은 무신귀족과 이덕손李德孫, 민훤閔萱, 염승익廉承益과 같은 문신귀족들의 비호을 받으며 부각되었다. 나중에 국존에 임명되는 것도 이들의 주선에 의해 가능했을 것이다. 이들 세력은 친원적이고 보수적이던 당시의 권문세가를 대표하는 인물들이었다. 가지산문의 부흥은 일연의 제자인 무극無極, 보우普愚에 이르기까지 지속된다.『삼국유사』편찬에도 관여했던 무극은 충숙왕忠肅王, 재위 1313~1330 1년에 왕사로 봉해지고, 보우 역시 국사에 봉해져 광대한 농장을 확대하는 한편 원나라에 드나들며 임제종臨濟宗을 도입했던 인물이다.

최고의 지식인이었던 고승 일연이 신이한 이야기에 관심을 지녔던 것은 당대의 문화적 경향과 무관하지 않다. 이런 경향은 일연만이 지녔던 독창적 태도가 아니라는 뜻이다. 이 시대 지식인들이 세계를 인식하는 '특정 양식'과 관련된 것이었다.

이미 고려 문종文宗, 재위 1046~1083 때 박인량朴寅亮, ?~1096이 설화집『수이전』殊異傳을 편찬했고, 이규보는 1193년에 서사시「동명왕편」을 지었으며, 이승휴李承休, 1224~1330는 일연의『삼국유사』가 완성된 1289년보다 2년 앞선 1287년에『제왕운기』帝王韻紀를 지었다. 이 시대 지식인들은 괴이한 이야기에 흥미를 보였고, 지괴류志怪類와 설화에 대한 관심이 지대했다. 1080년 북송 때 이방李昉이 편찬한『태평광기』太平廣記: 중국의 설화집가 고려의 정식 요청으로 수입되었고, 그 이후 고려 지식인들에게 익숙한 책이 되었다. 인간세계에 일어나는 많은 이적들, 불가사의한 현상들이 있음직한 일이라는 믿음 속에 신비하고 괴이한 이야기들이 창작되고 전승되었다.

이렇듯 지괴류나 설화집의 유행 속에서『삼국유사』는 탄생했다. 13세기 고려의 지적인 환경이 『삼국유사』와 같은 역사의식을 가능케 한 것이다. 객관적 사실도 역사의 구성물이지만, 기괴하고 신이해서 정사에 포함되지 못하는 이야기들도 역사구성물이 될 수 있다는 믿음에 의해 야사『삼국유사』는 세상에 모습을 드러낼 수 있었던 것이다.

그럼 『삼국유사』의 자료적 성격은 어떠한가? 『삼국유사』에 수집된 자료들은, 국내의 역사서와 중국의 역사서만이 아니라 방대한 분량의 금석문, 고문서, 사적지, 현지조사와 채록 등 해당 지방에 머물거나 가 보지 않고는 구할 수 없는 것이 대부분이다. 14살에 설악산 진전사로 출가하여 84살 경북 군위의 인각사에서 입적하기까지 60년 동안, 광주의 무량사, 남해의 정림사, 개경의 선월사와 불일사, 현풍의 보당암, 문경의 무주암과 묘문암, 달성의 인홍사, 포항의 오어사, 청도의 운문사 등등 여러 절을 유랑하면서 일연은 자료 수집에 진력했다.

일연은 정치적이거나 계급적인 한계 안에서 역사를 구성하지 않았다. 일연은 존재들의 감통感通을 역사의 심급으로 보았기 때문에 역사화된 사료에만 의지하지 않았던 것이다. 정치 너머, 경험 너머에서 벌어지는 성스럽고 신비한 체험의 역사를 기술하기 위해서는 자료가 달라야 했다. 이렇게 모인 내용은 민족 혹은 민중이라는 한계선을 뛰어넘어 인간 보편의 마음과 행위를 이야기한다.

그렇다고 일연이 역사의 개념을 변주시킨 공로까지 사라지는 것은 아니다. 일연의 『삼국유사』가 우리에게 여전히 감동적인 것은 '민중적이거나 자주적이라는 점'에 있지 않다는 것이다. 『삼국사기』와는 다른 방식으로, 『삼국사기』가 쓸 수 없었던 신이하고도 허탄한, 현실에서 일어날 수 없는 이야기를 역사의 자리에 들여온 데 그 공이 있을 것이다.

일연은 13세기의 지식인이다. 『삼국사기』가 탄생한 지 약 백여 년 뒤 『삼국유사』가 탄생했다. 백 년이란 시간의 흐름 속에 고려 제국의 역사의식도 변화했을 것이다. 13세기 단군에 대한 관심, 동명왕에 대한 관심 등은 역사를 좀더 상고시대로 올리고자 하는, 비록 황탄하지만 신이성을 믿었던 시기에 증폭되었다. 괴력난신을 역사의 한 장으로 끌어올 만큼 사람들의 인식은 변하고 있었다. 『삼국유사』에서 주로 기술하고 있는 불교적 이적은 중국에서 유행하던 '지괴'志怪의 영향 아래에 놓여 있다. 인간 세계 너머의 존재들을 증명하고자 하는 의식이 또 하나의 문화로서 자리 잡았던 시기다. 역사적 사실에 포섭되지 않는 황탄함을 역사 이면의 진실로써 받아들이려는 인지의 변화가 『삼국유사』의 편찬에 작용했던 것이다. 이렇게 보면 『삼국유사』도 홀로 편찬된 것이 아니다. 중국 불교의 영향과 함께 중국 문화의 감수성에 공명했던 문화적 접속의 결과인 것이다. 『삼국사기』와 『삼국유사』의 편찬의식 중 어떤 것이 옳은지를 판정하기는 어렵다. 다만 한 시대의 이념에 따라 책에 대한 포폄도 달라지니, 이를 책의 운명이라 해야 하지 않을까?

김부식과 일연, 운명 공동체

역사책이 역사가의 취향에 의한 것이라면, 어떤 역사책이 옳고, 어떤 역사책이 그르다고 말하기는 어렵다. 어떤 역사책을 더 좋아할 수 있고 더 믿을 수는 있지만, 역사책 자체의 시비를 가른다는 건 불가능해 보인다. 물론 역사가가 권력과 협잡하여 사실을 날조하고 왜곡한다면 심각한 문제지만, 역사의 진실을 어디에 두느냐에 따라 역사 기술에 차이가 나는 것은 문제가 될 수 없다. 그러니 『삼국사기』보다 『삼국유사』가, 『삼국유사』보다 『삼국사기』가 더 가치 있고 의미가 있다고 말하기는 어려운 게 아닐까? 하여 『삼국사기』와 『삼국유사』 중 어떤 역사가 진실한지를 따지기는 어렵다. 어느 것을 믿느냐는 역사서를 읽는 사람에 따라 다르기 때문이다.

아인슈타인의 이론은 연역적이고 양자화된 물리학이라는 하나의 진실 프로그램 안에서 진실이다. 그리고 우리가 『일리아드』를 믿는다면 이것은 신화적 프로그램 안에서 그에 못지않게 진실인 것이다. 『이상한 나라의 앨리스』도 그렇다. 우리가 설령 『이상한 나라의 앨리스』나 라신의 비극을 허구로 여긴다 하더라도 그것을 읽는 동안은 그것을 믿으며 극장 좌석에서 눈물을 흘린다. 앨리스의 세계는 그 마법 세계의 프로그램 안에서 일상 세계만큼 수긍이 가고 진실되며, 하나의 세계로서 현실화된다. 그렇기 때문에 사실주의 문학이 가장 그럴듯한 꾸밈이고(그것은 현실이 아니다), 쓸데없는 열정이고(마법세계가 그만 못지않게 현실적으로 보일 수 있으니까), 가장 극단적인 궤변이다(현실을 가지고 현실적인 것을 만드는 작업, 얼마나 세련된 기교인가!). 허구는 진실의 대립항이 아니라 진실의 부산물이다. … 책을 덮고 나서도 여전히 그것을 믿는 사회가 있고, 믿기를 그치는 다른 사회가 있다.(폴 벤느, 『그리스인들은 신화를 믿었는가?』 김운비 옮김, 이학사, 2002, 43~44쪽)

진실은 그 자체로 명백한 지표가 아니라 가장 가변적인 척도이다. 진실은 초역사적 불변수가 아니라 구성적 상상력의 작품이다. … 진실은 진실이 변한다는 것이다.(폴 벤느, 『그리스인들은 신화를 믿었는가?』 180~181쪽)

『삼국사기』가 '국가' 내부의 역사를 기술했다면, 『삼국유사』는 '국가' 외부의 역사를 기술했다. 12세기 고려의 지식인 김부식은 국가사와 정치사에 집중했다. 그러나 그 국가사와 정치사는 왕조의 시간적 흐름을 그저 배열하는 차원에서 그치지 않는다. 과거라는 시간 속에서 낚아 올린 정치성의 구성 요소와 정치의 원칙을 잡아채야 한다. 한편 일연은 물리적 세계 너머에서 일어나는 초자연적인 작용을 계열화했다. 국가주의적 시선, 혹은 정치적 시선만으로는 도저히 포착할 수 없는 지대의 파장들을 사건화하였다. 그야말로 마음의 역사, 감응의 역사에 대한 구성이라 할 수 있다.

서로 다른 지점에서 역사를 서술한 김부식과 일연. 서로가 삼국 역사의 빈자리를 채워 주는 역할을 했던 두 사람. 우리에게 서로 다른 이야기를 전해 준다는 점에서 두 사람은 운명 공동체일 수밖에 없다.

三國史記

Keyword

03.

삼국

역사를 배반하는 역사

5. ‘한민족’이 아니라 ‘삼국’이 있었네!

삼국, 다른 기원 혹은 다른 천하

『삼국사기』라는 역사책으로 진입해 보자. 『삼국사기』는 중국의 역사책인 『사기』의 양식을 모방한다. 사마천이 지은 『사기』는 황제의 일과 행위를 다룬 「본기」本紀, 제후의 일과 행위를 다룬 「세가」世家, 기억할 만한 개인들의 행위를 기술한 「열전」列傳, 왕력을 연표로 정리한 「표」表, 문물·제도·법령을 논술한 「서」書로 구성되어 있다. 이 독창적 역사 양식이 창조된 이래, 동아시아 역사책들은 기전체紀傳體라 불리게 된 이 양식을 전범으로 삼게 된다. 김부식도 『사기』의 양식에 의거하여 「본기」·「열전」·「연표」·「잡지」雜志의 체재로 역사를 구성한다.

　　중요한 것은 김부식이 신라·고구려·백제 삼국을 각각 천자의 나라, 즉 독립된 제국으로 보았다는 점이다. 그리하여 삼국 각각의 역사를 「신라 본기」, 「고구려 본기」, 「백제 본기」로 배치하고 있다. 참고로 『고려사』 또한 기전체 양식에 의거하였으되, 고려왕조의 역사를 「본기」가 아니라 「세가」의 항목으로 기술하고 있다. 김부식은 신라·고구려·백제를 천자의 나라로 인식했을 뿐만 아니라이 삼국을 통일한 고려에 대해서 두말할 것 없이 독립된 천자의제국임을 과시한 것이라 할 수 있다. 그러나 『고려사』의 편찬자들은 고려를 중국에 대한 제후국으로 격하시켰다. 이럴진대 김부식을 모화사상에 찌든 사대주의자로 보기는 어렵지 않은가? 중국의역사 양식에 의거하고, 중국의 사료를 참고했지만 적어도 삼국과고려를 중국과 어깨를 나란히 하는 또 하나의 천하로 본다는 점에서 오히려 독립적이라고 평가해도 지나치지 않다.

우리 민족의 기원이 하나임을 의심치 않듯, 우리는 저 고대의 삼국 즉 고구려·백제·신라가 그 기원은 하나임을 철석같이 믿어 왔다. 한반도상(?)의 최초 국가인 고조선, 그리고 고조선의 시조 단군을 삼국의 기원으로 보는 데 일말의 주저함이 없으며 삼국은 하나의 민족에서 갈라진 것임을, 즉 하나의 민족인데 한반도라는 영토를 분할 통치하면서 삼국으로 찢어졌을 뿐이라는 것을 '사실'로서 굳건하게 지켜 왔다. 하나의 민족, 세 나라! 이것이 역사적 '사실'일까? 『삼국사기』를 보면 그렇지 않다. 고구려·신라·백제는 서로 다른 기원과 형성의 역사를 가지고 있는 천하들이었다.

고구려는 기원전 37년 동명성왕東明聖王: 주몽, 재위 BC 37~BC 19에의해 건국된다. 동명성왕은 천제의 아들 해모수와 하백의 딸 유화

사이에서 태어났다. 태어난 땅은 동부여지만, 천제의 손자라는 신화의 내용으로 보아 '이주민'이다. 그 이주민이 어떤 종족인지 알 수 없다. 추측하자면 '맥족'貊族에 가깝다. 동명성왕의 어머니 유화는 부여족이니 유전자 반쪽은 부여족 즉 만주 유역 송화강가에 살던 '예족'濊族임에 틀림없다. 이와 같은 결연에 의해 탄생한 동명성왕은 동부여에서 살다 이주민동부여에서부터의 벗인 오이, 마리, 협보와 모둔곡에서 만난 재사, 무골, 묵거을 이끌고 졸본졸본: 요령성 환인현으로 이동하여 고구려를 세운다. 주몽은 고구려를 세우고 송양松讓의 비류국沸流國비류수(혼강) 근처의 소국, 행인국荇人國: 태백산 동남방의 고대 국가, 북옥저北沃沮를 정복하면서 요동 일대를 차지한다.

　　고구려 2대왕 유리琉璃, 재위 BC 19~18는 도읍을 졸본에서 국내길림성 집안현로 옮기고, 유리왕 33년서기 14년에 양맥을 정벌하고, 고구려현현토군에 속함을 습격하여 탈취한다. 대무신왕大武神王, 재위 18~44 때는 개마국·구다국·낙랑을 정벌하고, 태조대왕太祖大王, 재위 53~146 때 압록강 근처 해두국부여 대소왕의 동생이 해두국을 점령하고 왕이 됨을, 동천왕東川王, 재위 227~248 때는 양맥粱貊·숙신肅愼을 속주로 삼고, 미천왕美川王, 재위 300~331 때에는 낙랑군과 대방군을 소멸시켜 평안도·함경도 일대에 설치되었던 중국의 군현은 사라지게 된다.

　　『삼국사기』에 의거하여 고구려의 기원과 초기 국가 형성기를 살펴보면, 고구려는 단일 종족으로 이루어진 국가가 아니었다. 부여로부터 이주한 주몽 세력, 그전부터 존재한 예맥, 고구려가 있기 전부터 요령 일대에 있었던 말갈족, 동옥저 세력 등 여러 종족이

하나의 왕국을 형성한 사회였다.(이종욱, 『고구려의 역사』, 김영사, 2005)

　백제는 기원전 18년 온조溫祚, 재위 BC 18~28가 건국한 나라다. 주몽이 졸본부여로 도망왔을 때, 부여왕의 둘째딸과 결혼하여 낳은 아들이라고 한다. 혹은 비류沸流와 온조는 주몽이 졸본 월군 여자와의 사이에 낳은 아들이라고도 하며, 시조 비류왕은 졸본 사람 연타발의 딸 소서노가 우태와의 사이에 낳은 아들이라고 한다. 백제 건국신화는 몇 가지 이본을 통해 시조가 온조거나, 혹은 비류로 달리 전해지지만, 비류와 온조가 졸본땅의 토착민 여자에게서 태어난 아들인 것은 공통된다. 이들은 북부여로부터 온 주몽의 아들, 즉 이복형제 유리에게 밀려 남쪽으로 내려와 백제를 세우게 된 것이다.

　이렇게 볼 때 백제의 지배집단은 부여계이거나 혹은 고구려계로 볼 수 있지만 대부분의 학자들은 부여계로 추측한다. 더구나 백제라는 이름의 국가가 만주 지역을 할거 통치했다는 중국 쪽의 역사 기록들을 보면, 만주 지역의 부여계 이주민들이 백제를 세워 살다가 하남 부근으로 이주했던 것이 아닌가 한다. 비류와 온조는 한반도 중심부로 내려온 이주민으로, 각기 백성을 나누어 비류는 미추홀인천에 정주했고, 온조는 하남 위례성지금의 서울 근처에 도읍을 정해 나라 이름을 십제라 했다. 그러나 비류가 죽자 미추홀에 정착한 부여계 이주민들이 모두 위례로 귀속했고, 온조는 부여계 이주민들을 이끌고 나라 이름을 백제라 했다. 백제는 처음에 평양 근처에서 살던 말갈, 낙랑과 근접해 있으면서 수시로 그들의 침공을 받았는데, 온조왕 13년에 한산 아래로 도읍을 옮긴다. 이때 백제의 국경은 북으로는 패하浿河: 압록강 혹은 청천강, 남으로는 웅천공주, 동쪽으로는 주양황북 봉산이었다.

백제는 부여계 이주민들이 남하하여 서울 근처에 정착한 토착민들과 결합해서 만들어진 국가이다. 백제가 건국되기 이전 이미 한반도 중북부에는 마한 연맹이라는 여러 소국들의 연합체가 존재하고 있었다. 남하한 부여계 이주민이 건국 주체가 되었던 백제는 마한 연맹의 맹주국인 월지국의 지배를 받다가, 점차 마한 연맹의 소국들을 병합해 간다. 온조왕 26년서기 8년에는 마한의 국토를 병탄하고, 27년에는 마한의 원산과 금현전주와 진천으로 추정을 정벌하여 마한을 완전히 멸망시킨다. 백제는 고구려의 주몽이 부여계 여인 사이에서 낳은 아들이 세운 나라지만, 엄밀한 의미에서 고구려계라기보다는 부여계의 남하로 보는 것이 더 맞다. 주도적인 지배집단을 제외한 대다수 백제민은 마한의 토착민들이었다는 점에서 고구려의 종족 구성과는 확연히 다르다. 이렇듯 따져 보면 '백제'를 형성하는 뿌리조차 단일하지 않으므로 백제와 고구려의 뿌리가 동일하다는 건 실상을 모르는 소리이다.

그렇다면 신라는 어떤가? 신라의 국가 기원을 보면 '고구려·백제'와는 전혀 친연성을 찾아보기 어렵다. 신라는 조선의 유민이 진한의 산곡 사이에 나누어 살았던 육촌이라는 각기 독립된 6개의 추장 사회로부터 출발한다. 고조선 유역에서 발견되는 지석묘가 신라 지역에서도 발견되는 것은 그 기원이 고조선임을 보여 주는 징표다. 그런데 '조선의 유민'도 고조선의 유민이라고만 말하기는 어렵다. 진한 지역으로 남하한 조선의 유민들은 위만조선, 즉 중국인 유망민流亡民 집단과 토착 조선인 집단의 연합체를 일컫기 때문이다. 위만조선은 진한秦漢 교체기의 전란을 피해 중국의 동북방, 연나라, 제나라, 조나라 등의 지방에서 조선 방면으로 유입되어 온 수많은 피란민과 고조선의 토착민들이 결합된 나라다. 그러니 신라의 기원도 단순하지 않다. 더구나 육촌체제는 기원전 57년 박혁거세에 의해 사로국으로 통합되면서 신라의 지배집단이 또 다른 기원을 갖고 있음을 보여 준다. 육촌의 추장 사회 계보와는 다른 박·석·김의 세 성씨로 이루어진 외부집단들이 신라의 중심 세력이었음을 신라 건국신화는 말해 주고 있기 때문이다.

　신라가 소속된 진한 연맹은 6국이었다가 12국이 되었다. 신라는 진한 연맹의 맹주국으로 탈해이사금脫解尼師今, 재위 57~80 때1세기경 진한의 소국들음즙벌국, 실직곡국을 병합하고, 내해이사금奈解尼師今, 재위 196~230 때는 소문국, 첨해이사금沾解尼師今, 재위 247~261 때는 감문국, 골벌국을 복속하고, 차츰 변한 연맹과 가야 연맹까지 복속시켜 한반도의 동남쪽 일대를 장악하게 된다. 이렇게 형성된 신라의 구성원은 누구인가? 지배집단만을 가리키는가? 아니면 신라민 전부를 가리키는가? 신라는 고조선의 유민, 진한 시기 중국 지역의 유민, 진한과 변한의 토착민, 심지어 고구려와 백제민, 읍루挹婁, 숙신 등의 말갈족까지 여러 종족으로 이루어진 나라이다. 신라만 보더라도 우리가 누구라고 말할 수 있겠는가?

김부식은 「백제 본기」의 마지막 부분인 사평史評에서 신라·고구려·백제의 뿌리가 하나가 아님을 다시 이야기한다. 신라의 김씨는 자신들을 소호小昊 금천씨金天氏의 후손이라고 하며, 고구려의 고씨들은 자신들을 고신씨高辛氏의 후손이라고 한다는 것이다. 그리고 백제와 고구려는 다같이 부여에서 났고, 또한 중국 진한 교체기에 중국 사람들이 해동으로 많이 왔다는 것이다. 김부식의 이 사평은 백제부흥운동이 실패하고 백제의 땅 웅진은 이미 신라·발해·말갈 등으로 나뉘어져 나라 계통이 끊어졌음을 서술한 기사에 덧붙은 것이다. 김부식은 신라·고구려·백제 모두 그 연원이 이토록 오래되었음에도 불구하고 어째서 패망할 수밖에 없었는지를 진단하면서 삼국 기원의 갈래 하나를 정리한 것이다.

중국의 삼황오제인 소호 금천씨와 제곡 고신씨, 진한 교체기의 중국 사람들이 각각 신라와 고구려와 백제의 종족을 형성하는 또 하나의 뿌리이다. 그리고 이렇게 여러 뿌리의 종족이 섞여 살다가 다시 신라로 발해로 말갈로 흩어졌다는 사실. 이렇게 한민족의 뿌리는 복잡다단했다. 하나의 기원에서 갈라진 것이 아니라 여러 종족들이 합쳤다 분리되었다 하면서 통일신라라는 하나의 나라, 하나의 민족으로 통합되었음을 『삼국사기』는 웅변한다.

고려의 기원, '한민족'은 없다!

고구려·백제가 신라에 의해 병합되었을 때, 고구려민과 백제민들은 어떻게 되었을까? 물론 당나라는 고구려에는 안동도호부를 두어 이곳을 신라와 함께 다스렸고, 백제에는 웅진도호부를 두어 신라와 함께 다스렸다. 고구려·백제는 끝까지 포기하지 않고 당나라에 맞서 싸웠으나 금방 진압당하면서 백성들은 뿔뿔이 흩어지게 된다. 우리의 기대와 달리 고구려, 백제민들은 고스란히 신라로 복속되지 않았다. 고구려 사람들은 중국의 하남河南, 농우隴右의 여러 주들을 전전했으며, 가난한 자들은 안동성평양 부근에 머물러 있다가 신라로 달아나고, 남은 사람들은 말갈과 돌궐로 뿔뿔이 흩어져 들어갔다. 백제민도 마찬가지다. 신라·발해·말갈 등으로 나누어지고 나라 계통이 마침내 끊어졌다. 고구려, 백제의 백성들에게는 신라나 발해나 말갈이나 돌궐이나 다 마찬가지였다. 그 사이에 민족의식에 의한 어떤 차별성이나 친연성은 없었다. 해동 삼국이 하나라는 의식 자체가 없었기 때문에 '동북아시아 주변국'으로 흡수되는 것이 매우 자연스러웠다. 삼국은 그렇게 뒤섞이고, 또 그렇게 흩어졌다.

고대 한반도에 존재했던 고구려·백제·신라는 각각의 국가 기원을 지니고 있다. 그들을 하나로 묶어 줄 수 있는 기원은 없다. 그저 한반도엔 삼국이 있었을 뿐이다. 그리고 이 삼국이 고려에 의해 통일되어 오늘에 이르게 되었다는 것만이 사실이다. 『삼국사기』

를 통해 확인할 수 있는 것은 삼국 이전에는 그저 여러 종족들이 저마다의 작은 나라, 혹은 촌락공동체를 이루고 만주로부터 한반도의 전역에 퍼져 살았다는 사실이다. 통일신라 이전, 이들은 하나로 묶인 적이 결코 없었다. 고조선, 기자조선, 위만조선, 그리고 부여, 옥저, 진한, 변한, 마한, 가야가 한반도 전체를 통일한 적은 결코 없었다. 그런데도 우리는 삼국을 아우르는 기원을 찾으려 애쓴다. 찾으려 하면 할수록 상상과 허구의 늪에 빠지게 된다. 한반도의 국가가 하나의 민족 단위로 상상되는 것은 적어도 통일신라 이후다. 왕조는 바뀌지만 민족은 그대로 이어지는 구도는 통일신라 이전에서는 찾을 수 없다. 아니, 아예 없었다. 고조선은 요동 지역을 점거했던 또 하나의 국가일 뿐이다. 고조선이라는 하나의 국가, 하나의 민족이 삼국으로 찢어졌다가 다시 통일된 것은 아니다. 동북아시아 여러 종족들의 이합집산에 의해 이 세 나라가 하나로 통합되었음을 『삼국사기』는 기술할 뿐이다. 삼국 각 나라의 기원을 탐색했음에도 각 기원들이 하나의 꼭짓점으로 모아지지 않기 때문이다. 또한 한반도가 우리의 영토요, 국토라는 관념조차 삼국의 통일로 인해 생겨난 심상지리라는 것에 불과하다.

　　『삼국사기』는 제목의 의미 그대로 신라·고구려·백제 세 왕조에 관한 기술임에도 불구하고 막상 『삼국사기』를 확인하는 순간 참으로 낯설어진다. 왜 하나의 기원을 가진 삼국을 그리지 않았을까 하는 의구심이 생기기 때문이다. 삼국으로 찢어지기 이전, 한반도는 애초에 하나의 민족 혹은 하나의 국가가 통치했다고 믿었기에, 아니 그것이 당연한 사실이라 여겼기에 각기 다른 기원을 지닌 세 나라에 대해 낯선 감정이 앞선다. 백제·고구려·신라 삼국은 애초에 하나였던 '한민족'이 분할된 것이라 여기며, 삼국으로 찢어지기 이전의 하나였던 '민족' 혹은 '국가'가 마땅히 기술되어야 한다고 믿어 마지않는 것이다. 그렇기 때문에 삼국 각 나라의 시작부터 멸망까지를 기록하는 것이 제목에 부합하는데도, 삼국 이전 한반도의 역사를 연속적으로 다루지 않은 것에 오히려 당황한다.

『삼국사기』는 그 제목에 걸맞게 신라·고구려·백제의 역사를 다룬다. 『삼국사기』는 고려 이전 한반도상에서 패권을 잡았던, 그리고 고려에 의해 통합된 세 나라의 역사만 기술한다. 따라서 삼국이 건국되기 이전의 역사도 기술하지 않으며, 동시에 이 세 나라 이외의 '국가'의 역사도 다루지 않는다. 역사 기술의 초점은 오직 삼국이었다. 왜냐? 고려의 기원이 삼국이었기 때문이다.

김부식에게 고려의 기원은 삼국일 뿐이었다. 고려 이전, 한반도를 통일했던 제국은 '신라'였기에 통일신라 이전의 삼국의 역사와 통일신라의 역사, 그리고 이후 다시 분할된 후삼국의 역사를 고려의 기원으로 본 것이다. 김부식은 한반도의 통일 제국 '고려'의 기원을 탐색하는 데 목적을 두었지, 민족의 기원을 탐색하려는 의도는 없었다. 김부식에게 '민족' 의식은 없었다.

『삼국사기』는 12세기에 한반도 천하를 차지했던 '고려 제국'이 자신들의 역사와 정체성을 만들기 위해 그 전사前史로서의 '삼국'을 왕조별로 정리한 것이다. 고려는 자신들이 어떤 나라들을 통합하고 하나의 제국이 되었는지, 그 통일의 사건을 기억하기 위해 새로운 역사책이 필요했던 것이다. 그러니 애초에 한반도에 자리 잡고 명멸해 갔던 '한민족들'의 역사를 기술할 의도는 아예 가지고 있지 않았다. 고려는 한민족이라는 정체성이나 유구한 역사가 필요했던 것이 아니라, 한반도를 분할·통치하던 삼국을 아우른 '제국'으로서의 표상이 필요했던 것이다.

삼국 이전의 역사에서 고려의 기원을 찾는다는 것 자체가 이상하지 않은가? 삼국의 기원을 따져 들어가다 보면 어디까지 가야 진짜 뿌리를 발견할 수 있는가? 그런 뿌리가 있기는 한 것인가? 한반도상의 최초의 국가에서 기원을 찾아야 하는가? 아니면 한반도상에 살았던 구석기 이전 원시시대의 종족들에서 그 기원을 찾아야 하는가? 『삼국사기』를 기술하는 추동력은 제국의식이었지, 민족의식은 아니었다. 고려시대 인종과 김부식에게는 하나의 민족이 중요했던 것이 아니라, 한반도상의 세 나라를 통일하고 하나의 '국가'를 정립했다는 사실 자체가 중요했던 것이다. 김부식은 한민족의 정체성이 아니라 고려인의 정체성을 그려 냈다. 그것은 오로지 고구려·신라·백제 세 나라 민족의 통합적 구성 속에서만 찾을 수 있다. 김부식은 우리 근대인들이 선험적으로 전제하는 '한민족 정체성'에 대해 아마 상상조차 하지 않았을 것이다. 알 수 없는 상상의 공동체 '민족' 그것은 김부식이 말한 바, 증명 불가능한 '허황하고도 신이한 세계'에 가깝지 않을까?

김부식은 삼국시대를 우리와 다르게 인식했다. 우리는 삼국을 한민족의 분열로 인해 생겨난 삼분의 일 쪽에 불과한 나라들이라고 생각한다. 이렇게 되면 하나의 민족, 하나의 국가는 원래 혹은 정상 상태가 되고, 세 개의 국가는 이탈 혹은 비정상 상태가 된다. 김부식은 그렇게 보지 않았다. 삼국은 삼분의 일 쪽이 아니라 각기 다른 기원과 형성의 연원을 가지고 있는, 천상천하 유아독존의 나라들이다. 김부식은 삼국의 병립과 역학 관계에 관심을 집중했다. 삼국 사이의 공통의 뿌리의식 혹은 혈연적 연대감은 근대인들에게는 초미의 관심사였지만 삼국시대 사람들과 김부식에게는 상상 밖의 문제였다.

6. 삼국, 가깝지만 먼 나라·원수의 나라

우리가 생각하는 가깝지만 먼 나라는 중국이나 일본이다. 적국이기도 하고 협력국이기도 한 이웃 나라. 중국에서는 신라·고구려·백제를 '해동'海東 혹은 '동이'東夷로 묶어서 지칭했다. 그러나 『삼국사기』에서 신라·고구려·백제는 '우리는 하나'라고 의식하지 않는다. 지금의 남한과 북한을 바라보는 시선처럼 '분열되었지만 언젠가는 반드시 통일되어야 할' 한 민족이라고 생각하지도 않았다. 삼국의 기원과 형성이 다르듯 민족이라는 공감대는 전혀 형성되어 있지 않았다. 신라·고구려·백제의 관계는 동북아시아 주변국, 즉 중국·돌궐·말갈·왜와의 관계처럼 서로에 대해 '냉정'했다.

삼국은 서로에 대해 냉혹한 이해관계 위에서 움직일 뿐이었다. 혈연적 유대감이 있어야 한다는 것은 우리들이 한민족에 대해 부여하는 당위적 윤리에 기초한 것이다. 애초에 다른 나라라 인식하고 그런 상상을 해본 적 없는 삼국시대 사람들에게 그 이상을 기대하는 것은 상상의 공동체, 민족에 대한 관념에 투철한 우리들의 욕망의 투영일 뿐이다.

고구려, 백제와 신라는 속국?

고구려는 유리왕 때부터 요동을 차지하려는 중국과 대치하고 있었다. 한나라 왕망王莽은 고구려왕의 이름을 하구려후下句麗侯라고 고치고 천하에 포고했다. 이로 인해 고구려와 한나라는 요동과 현도玄菟를 경계로 빈번하게 전투를 벌였다. 고구려는 주변에 이웃한 선비족·말갈족·예맥족들을 제압하여 협력관계를 유지하면서 이들을 전쟁에 동원했다. 고구려 초기, 부여는 고구려의 적대국으로 한나라를 도와주면서 호시탐탐 고구려 영토를 노리다가, 대무신왕大武神王 때 멸망하고 만다. 동천왕東川王 이후 중국의 위나라한나라가 위·촉·오 삼국으로 분열는 환도성을 공격하면서 고구려를 압박했고, 동북쪽의 중국 연나라도 요동에서 패권을 차지하기 위해 고구려를 침공한다. 고구려는 이에 대응하기 위해 중국 진나라에는 사신을 보내 조공의 관계를 유지하는 동시에, 위나라·연나라와는 끊임없이 전투를 치러야 했다.

고국원왕故國原王, 재위 331~371 때부터 고구려는 백제와 영토 싸움을 본격화한다. 고구려와 백제는 그 뿌리로 보자면 부여로부터 분리되어 나왔지만 서로에 대해 격렬한 적개심을 가지고 있었다.

백제에 대한 고구려의 적개심은 북쪽의 이웃 나라 중국에 대한 것보다 더 심했다. 고국원왕 41년 백제왕^{근초고왕}이 군사 3만을 이끌고 와서 평양성을 공격하므로 고국원왕이 방어하다 화살에 맞아 죽는다. 물론 백제가 고구려에 갖는 적개심도 그에 못지않아, 위나라에 보낸 표문에 '쇠釗: 고국원왕의 이름의 머리를 베어 매달았다'고 표현한다. 고국양왕故國壤王, 재위 384~391 때 백제는 도압성을 쳐부수고 고구려 백성 2백 명을 사로잡아 간다.

광개토대왕廣開土大王, 재위 391~413은 북쪽으로는 거란을 치고 연나라의 요동 정벌을 막아 내면서, 한반도 남쪽으로는 백제의 영토를 차지하여 세력을 확장하는 데 심혈을 기울인다. 백제의 관미성을 함락시키고, 패수가에서 백제 군사 8천 명을 사로잡는 등 백제와의 싸움에서 혁혁한 공적을 세운다.

광개토대왕의 뒤를 이은 아들 장수왕長壽王, 재위 413~491은 위나라에는 신하의 자세로 조공을 바치며 우호관계를 유지하면서 연나라와 백제와 신라에 대해서는 토벌 전략을 구사한다. 북쪽 위나라에 대해서는 수비를, 남쪽으로는 영토 확장을 꾀했던 것이다. 결국 475년 백제의 한성까지 함락시키고 백제왕개로왕을 죽이고 남녀 8천 명을 사로잡아 돌아온다. 고구려는 이때에도 말갈과는 친선을 유지하면서 말갈의 군사 원조를 통해 주변국들을 정리하는 정책을 펼친다.

장수왕이 아버지 광개토대왕의 무덤에 세운 비문에 의하면, 백제와 신라는 고구려의 속국으로 취급된다. 고구려는 신라·백제를 동쪽 오랑캐 즉 '동이'라 지칭하며, 자신들의 나라가 천하의 중심임을 천명한다. 고구려는 동이족 백제와 신라를 정벌의 대상으로 보면서, 일본이나 중국보다 훨씬 적대적으로 취급한다. 우리가 아는 것보다 신라·고구려·백제 사이의 심리적 거리는 멀어도 너무 멀었다. 이 세 나라는 서로에게 연나라나 왜국과 마찬가지로 원수요, 적대국일 뿐이었다.

장수왕 이후로도 백제에 대한 침공은 그치지 않는다. 양원왕陽原王, 재위 545~559 때 신라와 백제는 고구려에 대하여 연합 정책을 펼친다. 신라는 백제에 군사를 원조하기도 하고, 백제가 고구려를 침공하는 사이 고구려의 성을 빼앗는 등 실속을 챙긴다. 고구려는 수나라와 당나라에 조공도 바쳤지만 동시에 그들의 침공에 대해서는 확실하게 방어했다. 그러나 수나라와 당나라의 침략을 수차례 막아 내면서 국력이 휘청거리게 된다. 더구나 당나라 중심으로 재편된 동아시아 세계 질서를 읽어 내지 못해 나당연합군에 밀려 끝내는 나라를 상실할 수밖에 없는 운명을 맞는다.

『삼국사기』에서 고구려의 대외관계를 보면 신라나 백제나 중국이나 왜나 고구려에게는 모두 똑같은 비아非我일 뿐이다. 한반도 상에 이웃해 있다고 민족적 동질감(?)이 있으리란 건, 전적으로 우리의 오해이다. 고구려에게 신라와 백제가 더 가까울 이유는 없었다. 마찬가지로 고구려와 경계하고 있던 한나라·연나라·수나라·당나라가 중국이라 특별히 더 적대적일 이유는 없었다. 고구려 입장에서는 신라나 백제, 중국 할 것 없이 모두 국경선을 맞대고 있는 위험한 이웃 나라에 지나지 않았다. 오히려 고구려는 선비족·말갈족·양맥·숙신족에게 더 동족적 친연성을 가지고 있었다.

삼국시대의 고구려는 그저 동북아시아의 독립된 한 나라로, 통일신라 혹은 고려의 전사가 되는 나라이다. 김한규의 말대로 중국 문화권에도, 한반도 문화권에도 귀속되지 않는 요동공동체의 하나였던 것이다.(김한규, 『요동사』 문학과지성사, 2004) 삼국시대의 고구려는 하나의 천하 국가로 그 어떤 나라와도 혈연적 유대를 맺지 않았다. 삼국시대의 고구려는 요동 지역에서 중국과도 다르고, 삼한의 민족과도 다른 방식으로 자신들의 시간을 일구며 살아갔던 것이다.

고구려가 남하 정책을 펼치며 한반도 전역을 노린 순간부터, 그리고 고구려의 유민들이 신라에 병탄된 순간부터 고구려는 한민족의 역사 안으로 들어온 것이다. 그러나 발해와 말갈, 돌궐에 편입된 고구려 유민은 그들만의 계보 속에 놓일 수밖에 없다. 이들은 발해와 말갈과 돌궐에 대한 동족적 친연성을 유지하며 그들의 역사 속으로 녹아들어 갔다. 이들은 삼한에 통합된 고구려 유민들과는 다른 시간과 환경 속에서 살아갈 수밖에 없었던 것이다. 그 기원을 따지면 합해지는 지점이 있다 하더라도 공동체가 갈리고, 또 다르게 섞이면서 그 이전의 고구려족이라는 원형은 찾아볼 수 없게 된다. 그러니 그 시절, 그 땅의 현재를 실감하는 게 중요하다. 고구려는 신라와 백제를 먼 나라, 원수의 나라로 여겼다. 중국과 왜를 그렇게 취급했듯.

백제, 고구려는 이리·승냥이·큰 뱀?

백제의 고구려, 신라와의 관계는 어떤 양상이었는지 살펴보자. 『삼국사기』「백제 본기」에는 말갈의 침략 아니면 신라에 대한 백제의 침공 혹은 신라의 백제 침공, 그리고 고구려의 침공과 고구려에 대한 백제의 방어 내지 고구려를 정벌하기 위한 방안 등등이 주로 서술된다. 고구려와 백제는 치열한 경쟁 국가였다. 백제는 고구려에 대해 늘상 경계·경보 태세를 갖췄다. 살기 위해 공격하고 어쩔 수 없이 화친하는 관계. 궁극적으로는 상대의 멸절을 바라는 관계! 이웃하기에 더욱 두려운 존재들. 백제는 신라·고구려에 대해 적대적이었다.

백제는 신라를 수시로 침공하여 약탈하고 신라의 백성들을 잡아가는 경우가 많았다. 물론 신라도 가만히 있지는 않았다. 신라도 백제를 침공했다. 백제가 신라에 의해 멸망당하기 전까지 신라와 백제는 서로 싸우거나 아니면 고구려에 대항하기 위해 연합하거나 둘 중 하나였다. 상대적으로 왜국과는 우호적인 관계를 유지하면서 왕자를 볼모로 보내거나 사신을 파견하여 예물을 보냈다. 힘의 관계로 따질 때 왜국이 백제에 대해 우세한 입장에 있었다. 제압할 수 없는 상대였기에 백제는 왕자들을 왜국에 볼모로 보낼 수밖에 없었다.

백제는 지정학적으로 말갈·고구려·신라의 국경과 접하고 있었기 때문에 사실상 중국과의 대치가 심각한 상황은 아니었다. 인접한 고구려가 문제였을 뿐, 고구려가 막아 주고 있는 중국은 문제가 되지 않았다. 다만 고구려를 막기 위해 중국과의 선린관계에 신경을 쓸 따름이었다. 「백제 본기」에는 조서를 보내고 조공을 바치고자 산 넘고 바다를 건너는 사신단의 기사가 빈번하게 등장한다. 백제가 중국에 조공을 바치는 이유는 단 하나. 고구려 정벌을 획책하기 위함이었다.

백제가 고구려와 적대적인 관계를 맺게 된 것은 제9대 책계왕責稽王, 재위 286~298 때부터다. 고구려가 대방을 칠 때, 백제는 대방에 구원병을 보내어 고구려를 몰아냈다. 고구려와의 물고 물리는 전투는 제13대 근초고왕近肖古王, 재위 346~375 때 본격화된다. 고구려왕 사유斯由: 고국원왕의 또다른 이름가 먼저 백제를 침략하였고, 이에 근초고왕은 군사 3만을 이끌고 평양성을 공격했고, 고구려왕 사유는 이때 헛살流矢: 조준하지 않고 쏜 화살을 맞아 죽는다. 이후 백제와 고구려는 서로 변경을 침공했고, 고국원왕의 손자 담덕광개토대왕에 의해 관미성을 빼앗긴다. 관미성은 백제 북쪽 변경의 요충이다. 계속되는 싸움 속에 아신왕阿莘王, 재위 392~405 8년 고구려를 치려고 군사와 말들을 징발하니 백성들이 병역에 시달려 급기야는 신라로 달아나는 일이 벌어진다. 백제는 고구려와의 싸움으로 편할 날이 없었다. 그리고 멈출 수도 없었다.

고구려와의 힘겨운 싸움 속에서 백제는 동진東晉, 송나라, 위나라와 수나라 등 중국에 꾸준히 사신을 보내 조공을 바쳤다. 개로왕蓋鹵王, 재위 455~475은 고구려를 공격하는 한편으로 위나라에 사신을 파견하여 표문을 올린다. 그 표문에서 백제는 고구려를 이리·승냥이로 표현한다. 변방의 신하 백제가 천자에게로 가는데 이리·승냥이 같은 고구려가 길을 막고 방해한다고 위나라 왕을 자극한 뒤, 개로왕은 장수를 보내어 백제를 구원해 달라고 부탁한다. 그리고 "나라를 건져 주신다면 저의 딸을 보내 후궁에서 모시게 하며, 자식과 아우들까지 보내 바깥 마구간에서 말을 기르게 하겠으며, 한 치의 땅이나 한 명의 백성이라도 감히 저의 소유로 하지 않겠습니다"라고 구원병에 대한 대가를 제시한다. 고구려 장수왕의 악행을 밝히고, 위나라가 백제에 파견한 사신이 시체로 발견되고, 의복·기물·안장 등의 선물이 바다에서 발견된 것은 큰 뱀과 같은 고구려가 길을 막았기 때문이라 고발한다.

백제는 이렇게 위나라를 부추겼으나, 위나라는 고구려를 정벌해 달라는 백제의 요청을 거절한다. 위나라 왕은 "어진 마음으로 방어할 수 있다면 원수에 대해 무슨 걱정이겠느냐?"라는, 전혀 도움이 안 되는 조서를 보낸 것이다. 뿐만 아니다. 백제가 바다에서 발견했다는 안장은 자기네가 보낸 안장이 아니라며 백제의 계략에 넘어가지 않는다. 소기의 목적을 이루지 못한 백제는 이 일로 위나라에 대한 조공을 중단한다.

신라와 당나라가 협공하기 전까지 백제와 고구려의 싸움은 끝나지 않았고, 백제의 중국으로의 사신 파견과 조공도 끝나지 않았다. 제26대 성왕成王, 재위 523~554은 양나라에 반란이 일어난 줄 모르고 사신을 파견했는데 사신단이 그곳에 이르러 성과 대궐이 황폐하고 허물어진 것을 보고 울부짖다 반란자의 심기를 건드려 간 히기까지 하는 등 온갖 사건이 발생한다. 위덕왕威德王, 재위 554~598 때는 수나라가 진나라를 평정했다는 소식을 듣고 사신을 파견해서 치하의 표문을 올린다. 수나라는 바다의 풍파를 무릅쓰고 조공을 바치는 백제를 좋게 여겨, 멀리 있어도 얼굴을 대면한 것과 같으니 빈번하게 사신을 보내지 말고, 조공도 보내지 말라는 윤허를 내리기까지 한다. 수나라가 요동 정벌의 깃발을 세우자, 백제는 자신들이 군사의 길잡이가 되겠다고 자청한다. 그러나 수나라는 고구려를 이미 용서했으므로 그럴 필요없다는 조서를 내린다. 수나라에 이어 당나라가 일어났을 때, 백제는 사신을 파견하여 고구려를 비난하는 표문을 보내고, 고구려를 물리쳐 줄 것을 요청한다. 백제는 고구려 때문에 중국의 여러 나라에 적지 않은 조공을 바쳤다. 표류와 침몰을 각오하고 수많은 사신들이 중국행 배를 탔으나 중국의 마음은 사로잡지 못했다. 이리·승냥이·큰 뱀과 같은 고구려를 정복하기 위해 중국을 움직이려 했으나 끝내 성공하지 못했던 것이다. 백제가 고구려에 가졌던 적대감은 이렇게 크고도 끈질겼고, 백제의 이유 있는 조공은 그렇게 허망하게 끝났다. 대신 당나라는 신라와 손잡고 고구려와 백제를 멸망시켰다. 백제에게 중국은 가까이하기엔 너무 먼 당신이었다.

신라, 고구려·백제를 멸하리라?

신라는 말갈·왜·백제·고구려의 침공을 자주 받았다. 고구려와 백제보다 약소국이었기 때문에 방어에 힘을 써야만 했다. 동시에 약소국으로서 고구려 혹은 왜국에 왕자를 볼모로 보내는 등, 굴욕적인 외교를 펼치는 상황이 오래갔다. 신라가 백제와 고구려를 원수의 나라로 여긴 것은 어찌 보면 당연한 듯하다. 신라인들이 백제나 고구려에 대해 갖는 적개심은 우리가 일본에 대해 갖는 적개심에 비할 수 없이 뿌리 깊은 것이었다.

17살의 김유신金庾信이 중악 석굴에 들어가서 몸을 정결히 하고 신에게 맹세한 바가 이것이었다. "적국들이 무도하여 이리나 범과 같이 우리나라의 영역을 소란케하여 무사한 해가 거의 없습니다. 내가 한갓 미약한 몸으로 재능과 역량을 짐작하지 않고 환난을 숙청하기로 결심했으니 하늘은 굽어살펴 나를 도와주소서."(김유신조, 「열전」, 「삼국사기」) 김유신의 원한과 신라인들의 피해의식이 얼마나 컸는지 짐작이 된다. 신라·고구려·백제는 빼앗고 뺏기고, 죽이고 죽는 관계 속에 놓여 있었다. 어떤 나라도 동류의식을 가지고 서로 연대하거나 양보하는 경우란 없었다.

신라·고구려·백제가 대치했을 때 각국의 백성들은 어떠했을까? 사실 신라·고구려·백제가 국가의 기틀을 잡고 강대해지기까지는, 한반도상에 수많은 작은 나라들이 존립하고 있었다. 이들을 병합하면서 신라·고구려·백제라는 삼국이 정립되었던 것인바, 백성들에게 '내 나라'라는 개념이 얼마나 강고했을지는 알 수 없다. 어떤 영역에서 살고 있느냐가 중요했을 터, 그렇기에 떠나기도 쉬운 게 백성이었다. 내물이사금奈勿尼師今, 재위 356~402 18년, 백제의 독산성주가 3백 명의 무리를 이끌고 신라에 귀순한다. 백제왕近肖古王이 화친하는 입장에서 도망간 백성을 받아들이는 것은 도리가 아니니 돌려보내라고 요구하자, 내물이사금은 이렇게 화답한다.

> 백성이란 것은 일정한 지향이 없기 때문에 생각이 있으면 오고 싫으면 가나니 본시 그들의 처지가 그러한 것이다. 대왕이 백성들의 안착되지 못한 것은 근심하지 않고 나에 대한 책망이 어찌 이다지 심할꼬?('내물이사금조', 「신라 본기」, 『삼국사기』)

백제왕이 이 말을 듣고 말을 못했다고 한다. 이렇게 보면 공동체적 연대감, 민족적 연대감, 국경이란 신기루 같은 것인지도 모른다. 굉장히 견고하다고 믿지만 무너지기 쉬운 것임에 틀림없다. 물론 무력에 의해 영토가 나눠지고, 무력에 의해 영토가 합해지는 것은 자명한 현실이다. 민족이라는 동질감이 통일을 부추기는 것도 아니고, 분열을 막는 것도 아니다. 편하게 살기 위해, 혹은 이익을 위해 우리는 나뉘고 합치고 하는 게 아닌지.

이렇게 신라·고구려·백제는 서로 대치했다. 신라의 전세가 진평왕眞平王, 재위 579~632 이후 서서히 역전되기까지 삼국은 아와 비아라는 대립적인 관계로서 약탈과 병탄의 기회만 노리고 있었던 것이다. 신라는 진평왕 즈음부터 수나라에 조공을 바치고 고구려에 대한 공격을 요청하여 군사를 동원한다. 이후에는 당나라에 조공을 바치고 고구려와 백제에 대한 토벌을 요청한다. 동아시아 패권은 당나라가 좌지우지하는 상태였기 때문이다. 국제정세를 제대로 읽어 낸 신라는 당나라를 이용하여 고구려, 백제를 물리치고 한반도 최초의 통일국가가 된다. 사실상 우리나라를 지칭하는 한반도라는 심상지리는 신라의 통일 이후에 만들어진다. 하나의 통일국가와 통합된 민족이라는 이미지를 제공하는 계기도 '통일신라' 이후이다. 통일신라 이전 한반도에는 삼국이 있었다. 그것도 다원적인 종족의 구성체로 이루어진 서로 다른 나라들의 삼국이 존재했다. 그리고 이들은 서로에 대해 결단코 친족적 소속감 같은 것을 느끼지 않았다. 동류라는 상상? 해본 적이 없다.

三國史記

Keyword
04.

정치

역사를 배반하는 역사

7. 통치자들의 초상: 지극히 '정치적인' 통치의 원리

그저 담담한 광개토대왕의 기록

『삼국사기』를 읽으려 할 때 무엇이 가장 궁금할까? 나는 「고구려본기」에서 제19대 광개토왕廣開土王, 재위 392~413 기사를 가장 먼저 펼쳐 보았다. 흠모해 바라 마지않던 왕이자, 고구려에서 가장 유명하고 훌륭한 왕이라 배웠기 때문이다. 물론 드라마의 영향도 지대했다. 한반도의 지리적 위상 때문인지, 대제국에 대한 동경 때문인지 요동 저 너머까지 영토를 확장한 왕에 대해 '기묘한' 경외심을 가질 수밖에 없었다. 광활한 영토에 발을 디디는 상상만으로도 광개토대왕은 너무나 멋진 왕이라 여겨졌던 것이다. 영토의 넓이와 국민의 행복지수가 어떤 함수관계를 갖는지 생각해 본 적도 없으면서 괜히 땅이 넓으면 잘사는 것 같은 아니 잘살 것 같은 착각이랄까, 그런 요상한 심리가 작동했던 것도 부인할 수 없다.

이름은 담덕이니 고국양왕의 아들이다. 그는 나면서 허우대가 크고 활달한 뜻을 가졌다. 고국양왕 3년에 태자가 되었고, 9년에 왕이 죽으매 태자가 왕위에 올랐다. 가을 7월에 남쪽으로 백제를 쳐서 10개 성을 함락시켰다. 9월에 북쪽으로 거란을 쳐서 남녀 5백여 명을 사로잡고, 또 본국에서 잡혀갔던 백성 1만 명을 불러서 타일러 가지고 돌아왔다. 겨울 10월에 백제의 관미성을 쳐서 함락시켰다. 그 성은 사면이 절벽이요, 바다가 둘러져 있기 때문에 왕이 군사를 일곱 길로 나누어 공격한 지 20일 만에야 함락시켰던 것이다. 2년 가을 8월에 백제가 남쪽 변경을 침노하므로 장수에게 명령하여 막게 하였다.

…… 17년 봄 3월에 북연北燕에 사신을 보내 같은 보계[宗族]로서의 인사를 차려 말했더니 북연왕 운雲: 모용운이 시어사侍御史 이발李拔을 보내 답례했다. 운의 조부 고화高和는 고구려의 가닥존속 고구려에서 갈라져 나온 후손인데 고양씨의 후손으로 자처하였기 때문에 고를 성으로 한 것이다. 모용보가 태자로 되었을 때 운이 무예로써 동궁을 시종하게 되었더니 시용보가 그를 아들로 삼고 모용씨라는 성을 주었다.

18년 여름 4월에 왕의 아들 거련巨連을 세워 태자로 삼았다. 가을 7월에 나라 동쪽에 독산 등 여섯 개 성을 쌓고 평양 주민들을 옮겼다. 8월에 왕이 남쪽 지방으로 순행했다.

22년 겨울 10월에 왕이 죽었다. 호를 광개토왕이라 하였다.(「광개토왕조」, 「고구려 본기」, 「삼국사기」)

그런데 보다시피 『삼국사기』에 기술된 광개토왕의 사적은 예상 외로 초라하다. 담덕이라는 이름을 가진 광개토왕의 위용이 드라마틱한 서사를 통해 전개될 것을 기대했는데, 그저 밋밋하고 간략할 뿐이다. 연나라로부터 요동 일대를 지켜 내고, 백제에 맞서 승리했다는 사실을 뼈대만 간추려 앙상하게 기록하고 있는 것이다. 정복 전쟁의 기사임에도 위대함이나 훌륭함과 같은 어떤 의미망의 외피도 입지 않은 채 그저 담담하고 단순한 문체로 쓰여 있다. 담덕을 영웅화하는 표현은 찾아보기 힘들다. 김부식의 어조는 지극히 객관적이고 지극히 건조하다. 「고구려 본기」에는 미처 알지 못했던, 심지어 이름까지 생소한 왕들의 일화가 매우 흥미진진하게 서사화되어 있는 기사도 있다. 그에 비한다면 광개토왕의 기사는 얼마나 빈약한지. 사실 말할 수 없이 실망스러웠다. 김부식에 대한 실망인지 광개토왕을 영웅으로 굳게 믿었던 나에 대한 실망인지, 알 수 없는 그 진한 아쉬움을 뭐라 표현할지.

영웅 광대토왕이라는 이미지의 기원은?

저 고구려의 수도였던 지란성길림 집안시에 약 1,600여 년 동안 비바람을 견디며 6미터 남짓 크기로 위용을 떨치며 서 있는 비석이 있다. 그 비석은 문제의 광개토대왕비! 비문에 묘사된 광개토왕은 고구려를 천하의 중심으로 보았던 불세출의 영웅이었다. 사방 천리가 부족했던 정복왕이자 사방을 위무했던 성웅이었다. 내가 배운 광개토왕은 이 비문에 의거한 것이었다. 중국·일본에 눌려 살고 있는 식민지 백성의 설움을 단 한 방에 씻어 주는 통쾌함이랄까? 실체로 존재하는 광개토대왕비는 반도 안에 갇혀 대륙이라고는 본 적도 없는 우리들에게 '대륙'이 우리 땅이었고 앞으로 우리 땅이 될 수도 있으리라는 일말의 기대감을 불러일으키기에 충분했다. 상상만으로도 짜릿하게 만드는 광개토왕의 위용을 나는 이 비문에서 배웠던 것이다.

『삼국사기』는 이 광개토왕의 사적을 의도적으로 축소한 것일까? 아니면 김부식은 이 비문을 알지 못했는가? 기실 광개토대왕비가 주목받은 것은 근대 이후이다. 근대 이후 한국·일본·중국의 삼국이 광개토대왕비에 쏟은 관심은 대단한 것이었다. 일본은 고대 일본의 대륙 진출의 추이를 자세히 알게 하고, 러일전쟁 후의 정세에 국민적 규모로 대비할 수 있는 마음가짐을 환기하는 데 유용하게 하고자 하는 나름의 현실적 목적이 있었다. 북한에서는 조선 인민의 투쟁과 창조의 역사를 보여 주는 조선 중앙박물관에, 우리는 민족 정기를 선양하기 위한 독립기념관 제1전시실 입구 정면에 복제품을 전시하고 있다. 비석이 있는 중국은 중국 동북민족의 중요한 역사적 유물로서 극진하게 관리하며, 다른 도시에 비석의 복제품을 만들어 전시하고 있다.(이성시, 『만들어진 고대』, 삼인, 2001, 35~36쪽)

광개토왕의 시대와 98세까지 살았던 아들 장수왕長壽王, 재위 413~491의 시대는 고구려의 최전성기였다. 장수왕은 아버지 광개토왕의 묘 옆에 비석을 세웠다. 이 광개토대왕비문은 『삼국사기』에 언급되지 않는다. 414년 장수왕이 아버지를 위해 건립했는데, '장수왕조'에도 이와 관련한 기사는 없다. 광개토대왕비는 건립 이래 문헌 자료에서는 드러난 적이 없다가 19세기 말에 홀연히 발견되어 동아시아 각국에서 공통의 사료로 영유되고, 역사논쟁의 중심에 서게 된다.

일본 역사학자들은 일본이 백제·신라·임나에 진출해 조공을 받았고 혹은 이들을 속민으로 삼았고, 고구려까지 넘보았다는 사실에 격동했다. 우리는 고구려가 중국·일본·백제 등 주변 국가들을 제압하여 영토를 넓혀 가면서 천하의 중심이라는 의식을 확고히 가졌다는 사실에 고무되었다. 20세기 역사학자들은 광개토왕의 비문을 각기 자기 나라에 유리하게 해석하며 동북아 지역에 대한 정복욕을 불살랐던 것이다. 그렇지만 이 비문은 그저 고구려 왕에 대한 5부 공동체의 경의와 복종을 거두기 위해 고구려의 입장에서 광개토왕의 대외적 업적을 천명하고, 백제와 신라는 일본의 속민이었으며 백제는 고구려의 속민이었다고 강조했던 것이다.(이

성시, 『만들어진 고대』 58~77쪽)

삼국시대와 고려시대에는 광개토왕의 업적을 그렇게 대서특필할 정도로 강조할 필요는 없었다. 영토 확장이 중요하지 않아서가 아니라, 영토 확장을 왕의 많고 많은 치적 중 하나로 대수롭지 않게 여겼던 것이다. 그런 까닭에 광개토왕에 대한 기대치를 『삼국사기』에서 충족하기는 매우 어렵다. 광개토왕은 여느 왕보다 훌

륭한 왕은 아니었다. 특별히 나쁜 일을 하지도 않았지만, 특별히 훌륭한 일을 한 왕도 아니었다. 대외적 방어와 정복은 광개토왕 시대의 주요한 사건일 뿐,『삼국사기』에서는 그것을 통해 어떤 특이점을 전하려 하지 않았다.

『삼국사기』에는 백제·신라·고구려를 중심으로 그들의 대외역학관계가 객관적으로 그려지고 있다. 즉 삼국이 중국과 일본, 기타 주변의 동북아 국가들과 맞물려 어떻게 침략과 방어를 하며 빼앗고 뺏기는지가 왕조사의 중심으로 기술되지만, 이것 자체를 중시하지는 않았다는 것이다. 삼국 왕조의 역사를 기록한「본기」는 한반도의 영토를 확장해야만 한다는 욕망 아래 기술되거나 계열화되지 않았다고 할 수 있다.『삼국사기』가 편찬된 당대까지는 광개토왕의 이런 업적이 특별하게 취급되지 않았던 것이다. 이렇게 보았고, 이렇게 읽어 내려 했던 것은 우리의(나의) 시각(욕망)으로 광개토왕을 예단한 것일 뿐이다.

문헌학의 이율배반은 다음과 같은 것이다. 사실 문제로써 사람은 항상 현대를 통해서만 고대를 이해해 왔던 것이다. 그리고 이번에는 고대로부터 현대를 이해하라는 것일까? 더 정확하게는 다음과 같은 점이다. 사람은 자기 체험으로 고대를 설명하고, 그리고 이렇게 해서 얻어진 고대에 의해 자기 체험을 평가하고 짐작해 왔다. 따라서 체험은 문헌학자에게 당연히 절대 전제이다.(니체,『우리 문헌학자들』; 이성시,『만들어진 고대』, 19쪽에서 재인용)

치란(治亂)의 역사 : 지극히 정치적인 징험들

『삼국사기』에서 중요한 사건은 무엇인가? 왕조사를 기술하는 역사책들이 그러하듯 당연히 나라가 제대로 다스려지고 있는지, 어지러워지는지를 보여 주는 사건이다. 동양에서 역사는 한마디로 '치란'治亂의 역사이다. 나라가 잘 다스려졌는가, 혼란스러웠는가? 무엇이 그렇게 만들었는지 원인을 파헤치고, 이를 통해 후세를 경계하는 것. 사회와 정치 질서를 중시하는 사람이라면, 특히 유학자들이라면 역사는 치란에 대한 기억이자 기록인 것이다. 그 외에 다른 것은 중요하지 않다. 문명적인 발전이나 전쟁의 승리나 부강함은 치란에 부가적으로 오는 효과이다. 따라서 역사 서술의 중심은 '그 시대의 훌륭한 공과는 무엇인가? 통치자의 업적은 무엇인가?' 보다는 '어떤 통치 자질을 지니고 어떻게 백성을 다스렸는가'이다. 지극히 정치적인 시각으로 과거의 역사를 조직했던 것이다.

> 역사책을 읽을 때는 사실만을 기억해서는 안 된다. 반드시 정치가 잘 되고 못 되는 것, 국가의 안정과 위기, 흥성과 존폐, 존립과 멸망 등의 원인을 알지 않으면 안 된다. 한의 고조의 「본기」를 읽을 때는 한나라 왕조 사백 년 전체의 정치가 어떠했는가를 생각하지 않으면 안 된다. 이렇게 하는 것 역시 공부가 된다.(여조겸·주희 편, 『근사록』 이명학 옮김, 서울대출판부, 2004, 219쪽)

선생은 역사책을 읽을 때마다 중간 정도에 이르면 책을 덮고 생각에 잠겨 그 성공과 실패를 헤아려 본 이후에 다시 읽었다. 자신의 생각과 사실이 부합되지 않는 곳이 있으면 다시 정밀하게 생각하였다. 역사책을 읽는 가운데에는 다행히 성공하는 사례도 있고 불행히 실패하는 사례도 있다. 오늘날 사람들은 단지 성공한 사례만을 옳은 것으로 여기며 실패한 사례는 그른 것으로 보는데, 이는 성공한 경우에도 옳지 않은 것이 있고 실패한 경우에도 옳은 것이 있다는 점을 몰라서 그렇게 생각하는 것이다. …… 역사책을 볼 때는 성현이 경전을 통해 보존해 준 바의 정치가 잘되고 못되는 단서와 원인, 그리고 군자가 때에 맞추어 관직에 취임하고 물러나는 자세를 살펴보아야 한다. 이것이 격물, 사물의 이치를 탐구하는 것이다.(여조겸·주희 편, 『근사록』 220쪽)

우리가 보는 역사는 어떠한가? 소위 지극히 문명적이고 지극히 근대적이다. 정치의 성공과 실패, 정치적 시시비비를 찾아내기보다 어떻게 원시·고대·중세의 탈을 벗고 근대 문명사회로 진입하는가, 얼마나 미개하고 비합리적인 방식이 존재했는가, 그리고 그런 비합리적인 방식이 어떻게 합리적인 방식으로 발전했는가, 혹은 인간 이성 능력이 어떻게 확장되어 나아가는가…, 이런 문제의식 때문에 우리는 『삼국사기』에서도 문명화의 과정을 찾는다. 근대로 이어지는 일직선상의 궤도!

그러나 『삼국사기』, 특히 「고구려 본기」는 통치자의 업적보다는 통치자의 자질에 초점을 맞춘다. 그래서인지 왕에 대한 '서사'가 「신라 본기」나 「백제 본기」보다 훨씬 더 흥미롭게 그려져 있다. 특정 왕에 대해 호기심을 갖게 되는 드라마틱한 서사는 「고구려 본기」를 읽는 사람들이 얻을 수 있는 의외의 수확물이다. 기대하지 않았는데, 통치자인 왕들의 개성이 입체적으로 들어올 뿐만 아니라 역사적 인물에 애정과 연민이 느껴지기까지 한다. 왕의 공적은 부차적이다. 왕이 '어떻게' 했는가가 중요하다. 통치자로서 어떤 정치적 자질과 비전을 보여 주는가? 민생을 편안하게 하기 위해 어떻게 행동했는가? 굶주림, 핍박이 없는 사회, 다스려진 정치를 위해 어떤 판단을 하고 어떻게 행동했는지가 「고구려 본기」의 중요 쟁점이다.

고구려에서는 왕위를 반드시 장자가 계승하는 것을 원칙으로 삼지는 않았다. 왕자 중 한 명이 왕위를 계승하거나, 왕자가 어리면 왕의 동생이 계승하기도 했고, 주위의 신임을 받는 왕족이 왕위를 이어받기도 했다. 3세기 무렵 고구려의 지배층은 족제적 색채가 농후한 다섯 정치 집단으로 이루어져 있었다고 한다. 왕도에 모여 살며 일체가 되어 외방의 여러 읍락이나 이민족들을 지배하는 공동체를 이루고 있었다. 이것이 5부 지배 공동체라 불린 이유이다. 이 5부는 계루부桂婁部, 순노부順奴部, 절노부絶奴部, 관노부灌奴部, 소노부消奴部라 불린다. 왕은 계루부에서 주로 나왔고, 왕비는 절노부에서 나왔으며, 소노부는 구왕족 세력이었다고 하니, 5부 상호 간에는 세력 차이가 있었음을 알 수 있다. 유력한 부의 수장인 고

추가古鄒加는 원래 왕만이 할 수 있는 종묘나 사직의 제사를 지내며 왕과 마찬가지로 가신단과 같은 것을 거느렸다. 5부의 세력 판도는 소노부→계루부→순노부 순으로 변화했다고 추정한다. 그리고 3세기 이래 일관되게 계루부가 왕족으로 고구려왕을 배출했다. 이러한 5부 사이의 팽팽한 역학 관계 속에서 왕이 어떻게 초월성을 획득하는가가 고구려 왕권의 과제였다고 한다. 그러나 고구려가 멸망할 때까지 왕은 중앙 전제를 획득하지 못한 채, 아니 족성적 질서를 극복하지 못한다.

이렇듯 고구려는 왕이 절대 권력을 행사하기 어려운 정치체제였다. 그래서인지 「고구려 본기」는 왕과 왕자들, 왕과 동생들, 왕과 왕후, 왕과 신하들의 관계가 드러나는 기사를 많이 싣고 있다. 야사처럼 느껴지는 이런 이야기들이 왕의 통치 능력을 보여 주는 일화에 흡수되어 정치권력 안에서 인척 관계, 군신 관계가 어떤 식으로 형성되는지를 보여 준다. 이런 관계 속에서 정치성의 진면목이 드러난다. 그래서인지 「고구려 본기」는 맹자의 정치학의 실험대처럼 느껴진다. 「고구려 본기」에 구현된 정치학의 원리, 그 속으로 들어가 보자.

8. 통치자의 자격 : 낯설기만 한 고구려왕들에 관한 이야기

어린 왕자, 무휼의 지혜

유리왕의 셋째 아들이자 동명성왕의 손자인 무휼無恤은 여섯 살부터 국정에 참여한다. 아니 이럴 수가! 그리고 열한 살에 왕위에 올랐다. 바로 대무신왕大武神王, 재위 18~44이다. 김부식은 무휼을 이렇게 평가한다. "나면서부터 총명하고 슬기로웠으며 장성해서는 뛰어나게 큰 지략이 있었다." 겨우 여섯 살 때 강대국의 압박을 물리칠 정도로 무휼은 지혜로웠다. 부여왕 대소帶素의 사신이 와서 작은 나라인 고구려가 큰 나라 부여를 섬겨야 한다고 협박했다. 왕을 비롯하여 신하들까지 모두 부여에 굴복하자고 의견을 모았으나, 무휼이 나서서 사신에게 말한다. "우리 선조는 신령의 자손으로서 어질고도 재주가 많았던바, 대왕이 질투하고 모해하여 부왕에게 참소하여 말을 먹이게 하였다. 이 모욕 때문에 불안해서 부여를 탈출하셨다. 이제 대왕이 전날 잘못은 생각하지 않고 다만 군사가 많은 것을 믿어 우리나라를 멸시하고 있으니 청컨대 사자는 돌아가서 대왕에게 보고하되 '이제 여기 포개 쌓은 알이 있으니 만일 대왕이 그 알을 무너뜨리지 않는다면 내가 대왕을 섬길 것이요, 그렇지 않으면 섬기지 못하겠다'고 전하라" 하였다.

수수께끼 같은 문제를 던진 무휼 왕자. 대소왕은 이 말을 이해하지 못한다. 한 노파가 불려와 이 수수께끼를 풀어 준다. "포개 쌓은 알은 위태한 것이니 그 알을 무너뜨리지 않는 자가 편안할 것이다." 이 말인즉슨 위태로운 너희 나라나 잘 다스리라는 뜻이다. 지금 대소왕의 형국이 제 나라는 제대로 다스리지도 못하면서 남의 나라를 넘보는 꼴이라는 것이다. 내정을 탄탄하게 하여 누구도 넘보지 못하는 나라로 만든다면 부여를 섬길 수 있다고 말하는 무휼은 참으로 대범하기 그지없다.

불과 여섯 살의 어린 왕자는 이토록 지혜로웠다. 상대의 약점을 꿰뚫어보는 예리함. 상대를 무릎 꿇게 하는 기지. 그야말로 나이는 숫자에 불과한 것인가? 여섯 살 아이가 이런 지혜를 가지고 있다니 놀랍기 짝이 없다. 우리가 아이들을 너무 아기 취급하는 것은 아닐까? '기지와 관찰력'은 나이와 상관없이 이미 출중할 수 있는데, 여섯 살이라고 무시하고 있는지도 모른다. 어쩌면 연륜은 살아 낸 햇수에 따른 것이 아니라 필요하니까 길러지는 것인지도 모르겠다. 우리들을 경악시킨, 어디서도 보기 어려운 지혜로운 어린

이 무휼은 열 살 때엔, 부여 군사들이 쳐들어오자 뛰어난 계책으로 고구려를 승리로 이끌었다. 이젠 그다지 놀랍지도 않다. 능력에 따라 일을 하기도 하지만, 인연 조건에 따라 사람의 잠재된 능력이 개발되는 것이 아닐까, 하는 생각도 든다.

무휼 왕자는 뛰어난 지혜로 왕위를 계승한다. 대무신왕 무휼의 지혜는 통치할 때도 빛을 발한다.

3년 겨울 10월 부여왕 대소가 사신을 시켜서 머리는 하나요, 몸뚱이는 둘인 붉은 까마귀를 보냈다. 어떤 사람이 부여왕에게 말하기를 "까마귀는 원래 검은 것인데 이제 빛이 변하여 붉게 되고, 또 머리는 하나인데 몸뚱이는 두 개인 것은 두 나라를 병합할 징조이니 왕께서 고구려를 병합하게 될지도 모릅니다."

대소가 기뻐하며 붉은 까마귀를 고구려에 보내었다. 대무신왕이 여러 신하들과 의논하여 대답했다. "검은 것은 원래 북방의 빛인데 이제 변하여 남방의 빛으로 되었으며 그리고 붉은 까마귀는 상서로운 것인데 그대가 이것을 얻었으나 이를 가지지 못하고 나에게 보냈으니 두 나라의 흥망을 알 수 없구나." 대소가 이 말을 듣고 놀라며 후회하였다.(「대무신왕조」, 「고구려 본기」, 「삼국사기」)

대소왕 시절 부여는 고구려를 병탄하려는 야심을 가지고 있었다. 왕자 시절의 무휼에게 이미 한 차례 망신당했던 대소는 왕이 된 무휼에게 또다시 여지없이 박살난다. 대소는 참으로 가볍다. 길한 징조의 까마귀를 봤으면 고구려를 칠 준비나 하면 될 터, 뭐 그리 경망스럽게 그 까마귀를 고구려에 보내 너희 나라가 망할 징조라고 떠벌리는지. 자고로 징조만 믿고 까부는 자가 승리하는 경우를 본 적이 없다. 무휼은 대소왕의 이 경솔함을 비웃는다. 까마귀의 징조 따위에 기죽지 않고, 해석을 바꿔 버린다. 병탄의 징조가 될 까마귀를 고구려로 보냈기 때문에 앞으로의 흥망은 까마귀가 있는 쪽에 있지 않겠냐는 것이다. 상황의 전복. 이 역설적인 해석으로 오히려 부여왕을 쫄게 만드는 대담함. 약소국이라도 이 정도의 당당함은 있어야 밀리지 않는다.

통치자의 요건, 잘못을 아는 자!

대무신왕의 당당함과 대담함은 행운을 불러온다. 대무신왕은 4년 12월 비류수에서 저절로 밥을 짓는 솥을 얻는다. 상당히 신화적이지만 천지 기운도 대무신왕을 도왔던 것이다. 대무신왕은 솥과 함께 힘센 사람까지 얻는다. 솥을 짊어지고 가겠다고 자청하는 한 남자를 얻은 것이다. 이 남자는 솥 주인이었던 여인의 남동생으로, 왕은 이 남자에게 솥을 짊어졌다는 의미로 부정負鼎씨라는 성을 내려 준다. 신비한 일은 여기서 그치지 않고 계속 이어진다. 왕은 이 물림에 이르러 금으로 된 옥새와 병기를 얻고, 키가 9척이며 얼굴이 희고 눈에 광채가 나는 북명北溟의 괴유怪由, 그리고 긴 창을 지닌 적곡赤谷의 마로麻盧라는 인재까지 얻는다.

대무신왕이 병기와 인재를 구했으니, 전쟁에서 이길 것은 자명한 일. 5년 2월 부여의 1만 군졸을 물리치고 부여왕을 붙잡아 목을 베었다. 그러나 부여의 백성들은 왕을 잃었음에도 불구하고 굴복하지 않았다. 부여 백성들은 기세가 꺾이지 않고 끝까지 항전한 것이다. 무엇 때문인가? 구체적인 이유가 밝혀지지는 않았지만 대무신왕이 부여 백성들에게 잔인하게 하지 않았을까 짐작된다. 부여 백성들에게 대무신왕은 결코 대소왕보다 좋은 왕으로 보이지 않았던 것이다. 힘으로는 이겼지만 부여의 민심까지 사로잡지는 못했던 것이다. 행운도 이어서 오지만 불운도 이어서 온다. 대무신왕은 부여 백성의 공격으로 궁지에 몰렸을 뿐만 아니라 골구천의 신기한 말과 비류수 상류에서 얻은 솥까지 잃어버린다. 민심이 천심이라 했으니, 천지 기운도 더 이상 대무신왕 편일 수 없었던 것이다. 하늘의 도움도 효력을 다했다고 할 수 있다.

그런데 대무신왕의 이야기는 여기서 끝이 아니다. 대무신왕의 왕다움은 패배의 끝에서 찾아온다. 승리했다고 다 좋은 왕은 아니다. 패배 속에서도 통치자의 비전을 터득한다면 기회는 다시 찾아온다. 대무신왕은 이 모든 결과를 자신의 허물로 돌린다. "덕이 없는 사람으로 경솔하게 부여를 쳐서 비록 그 나라 왕을 죽였으나 그 나라를 멸망시키지 못했으며, 군사와 물자들을 많이 잃었으니 이것은 나의 허물이다." 민심이 중요함을 안 것이다. 이에 왕은 죽은 자를 조상하고, 다친 자들을 문병함으로써 백성들을 위로했다.

아무리 지혜롭고 용맹하며 천지 기운이 도와주더라도 사람이 교만에 빠지면 대세는 달라진다. 승리가 바로 눈앞에 있는 듯하지만, 상황은 순식간에 급변한다. 그러나 잘못이 무엇인지 알고, 그것을 해와 달처럼 밝게 드러내고 고친다면 기회는 다시 온다. 그러니 조심조심, 자신을 밝게 성찰하면서 일에 임해야 한다. 대무신왕의 미덕은 잘못을 돌아본 데 있는 것이다. 실수를 하지 않는 사람은 없다. 또한 자만에 빠지기도 쉽다. 다만 그것을 알아차렸을 때 잘못을 인정하고 고치는 게 어렵다. 잘못을 인정하고 겸허히 백성들의 뜻을 받아들일 줄 안다면 더할 나위 없이 훌륭한 통치자이다.

만약에 말이다. 국정농단과 뇌물수수로 인해 탄핵되어 구치소에 수감된 박근혜 전 대통령이 겸허히 잘못을 인정하고 상황을 수습했다면, 어땠을까? 물론 무능한 데다 자포자기 상태로 일신만 챙긴 전 대통령을 대무신왕에게 비교하는 것이 말도 안 되지만, 그래도 자신의 잘못을 인정하고 깊이 반성했다면 그 뒤의 상황은 분명 다르게 전개되지 않았을지. 혹여 같은 처벌을 받더라도 이후의 삶을 다르게 맞이하지 않을까 하는, 생각을 해본다. 아쉬움 같은 것이다. 역사는 적어도 떳떳하게 살 수 있는 방법을 알려준다.

대무신왕의 경우, 결과는 어떻게 되었을까? 백성들은 왕의 성덕과 정의에 감동하여 국가 사업에 몸을 바치기로 결심한다. 왕의 솔직함이 백성을 움직인 것이다. 잘못을 투명하게 드러내고 인정하는 일, 통치자의 중심 자질임에 틀림없다. 이뿐이랴? 다음해 3월 신기한 말 거루가 부여의 말 1백 필을 거느리고 학반령 아래 차회

곡까지 저절로 이른다. '하늘도 스스로의 잘못을 알고 고치는 자를 돕는다.' 인간에게 늘 기회는 있다. 자신을 바꿀 기회. 이 자명한 진실을 깨달을 수 있다면 민심을 헤아리는 통치자가 될 수 있다. 쉬우면서도 이 어려운 진실을 깨우친 대무신왕은, 달라진다. 9년 겨울 개마국을 쳐서 왕을 죽이되, 그 나라 백성들의 목숨을 해치거나 재물을 침해하지 못하게 하고 그 지역을 군현으로 만들었다. 영토를 넓혀서 대무신왕이 훌륭한 것은 아니다. 대무신왕은 지혜와 용기와 자성의 능력을 갖췄기 때문에 영토를 늘릴 수 있었고 백성을 늘릴 수 있었다. 『삼국사기』에서 진단한, 통치자가 갖춰야 할 최우선의 미덕은 바로 이것이 아닐까?

그 왕에 그 신하!

한편 이 시대에 대무신왕만 훌륭했던 것은 아니다. 그 왕에 그 신하라는 말이 딱 맞는다. 15년 봄의 이야기를 들어 보자.

> 15년 봄 3위 대신 구도仇都·일구逸苟·분구焚求 등 세 사람을 쫓아내어 상사람으로 만들었다. 이 세 사람이 비류부장으로 되었을 때에 탐욕스럽고 야비한 짓을 일삼아 남의 처첩과 우마와 재물을 함부로 빼앗으며 만일 주지 않는 자가 있으면 매를 치니 사람들이 모두 분개하여 원망하였다. 왕이 그들을 죽여 버리려고

하다가 동명왕의 옛 신하들을 차마 극형에 처할 수 없다 하여 내쫓고 말았다.(「대무신왕조」, 「고구려 본기」, 「삼국사기」)

그리고 남부자사 추발소鄒敎素로 하여금 구도·일구·분구를 대신하여 부장이 되게 했다. 발소가 부임한 뒤 따로 큰 집을 짓고 살면서 구도 등 세 사람을 죄인이라 하여 마루에도 오르지 못하게 하였다. 구도 등이 앞에 와서 말했다. "우리들은 소인이라 짐짓 왕의 법을 위반하였으니 부끄럽고 뉘우침을 금할 수 없다. 공이 우리들의 죄과를 용서하여 자신을 갱신케 한다면 죽어도 한이 없겠다." 발소가 불러 올려 한 자리에 앉아서 말하기를 "사람이란 허물이 없을 수 없으나 잘못하여도 능히 고치게 되면 보다 더 좋은 일은 없다." 더불어 벗을 삼으니 구도 등이 감동되고 부끄러워 다시는 고약한 짓을 하지 않았다. 발소에게 대실大室씨라는 성을 주었다.

선대왕의 공신들이 후임 왕의 시대에도 청렴하고 유능하면 좋으련만 보통 그렇게 이어지지 않는다. 과거의 공적만 믿고 권세를 휘두르는 경우가 비일비재하다. 한 번 높이 올라간 사람들이 낮은 자리로 내려와 고결하고 소박하게 살기가 결단코 쉽지 않은 듯하다. 자만 때문에도 욕심에 사로잡혀서도 끝내 사고를 친다. 대무신왕 시대에도 할아버지 동명왕 때의 신하들이 권세를 믿고 설쳤다. 대무신왕은 이들을 죽이지는 못하고 내쫓아 버렸다.

왕은 구도·일구·분구 세 사람의 자리를 대신하여 추발소를 비류부장으로 임용한다. 비류부장이 된 추발소는 이들을 상대하지도 않는다. 왕이 내쫓았더라도 전임자이자 선배이니 인정상 가까이할 수도 있었을 텐데 추발소는 이들을 죄인으로 취급했던 것이다. 대무신왕은 인재를 알아보는 능력도 출중하다. 추발소는 큰 집을 지어 놓고 이들을 마루에도 오르지 못하게 함으로써 그들 스스로 자신의 잘못을 돌아보게 하였다. 추발소는 이들이 잘못을 뉘우치고 갱신하겠다고 하자, 서슴없이 벗으로 대우해 주었다.

처벌만으로는 안 된다. 무엇이 잘못인지 스스로 알게 하는 일이 더 중요하다. 그리고 똑같은 잘못을 다시는 저지르지 않아야 한다. 공자님도 맹자님도 실수는 할 수 있지만 똑같은 잘못을 두 번 범하지 않아야 한다고 하지 않았던가? 대무신왕 시대, 통치자가 될 수 있는 아주 기본적인 자격 요건은 바로 이것이었다. 지혜와 당당함도 미덕이지만 이것만으로 충분하지 않다. 자칫 함정에 빠질 수 있는 '욕심과 망령'을 성찰할 수 있다면, 그렇다면 희망은 있는 것이다.

9. 폭군의 말로, 예외는 없다!

잔인한 모본왕의 말로

『삼국사기』「고구려 본기」를 보면 왕의 됨됨이가 각별하게 눈에 들어온다. 인품과 지혜를 갖춘 왕과 포악스럽고 모자란 왕. 나라가 다스려지고 다스려지지 않는 것은 이들 왕의 됨됨이에 달려 있다. 특이한 것은 포악스럽고 잔인하면서 모자라기까지 한 왕들은 예외 없이 신하들에 의해 제거된다는 사실이다. 고구려는 포악한 왕을 용납하지 않았다. 이런 자는 신하들과 백성의 적일 뿐, 천하가 섬기는 왕일 수 없다는 논리가 「고구려 본기」를 관통한다. 맹자가 말하지 않았는가? "잔인무도했던 하나라의 걸왕과 은나라의 주왕과 같은 통치자는 일개 평범한, 사나운 남자에 불과하므로 이들을 죽여도 모반죄가 되지 않는다." 맹자에게 이런 왕은 마땅히 교체되어야 하는 게 정의였다. 고구려시대, 맹자가 주장한 바의 정치학이 펼쳐졌다.

통치자의 자격을 갖추지 못한 자가 왕이 되면 나라가 어지럽다. 대무신왕의 맏아들인 모본왕慕本王, 재위 48~53은 사람됨이 횡포하고 어질지 못하여 나랏일을 돌보지 않아 백성들의 원망이 하늘을 찔렀다. 날이 갈수록 더욱 포악해져서 그 잔인함은 점입가경, 기상천외했다. 모본왕은 앉을 때는 사람을 깔고 앉고, 누울 때는 사람을 베고 누웠다. 만일 그 사람이 조금만 움직이면 가차 없이 죽였으며, 신하들 가운데 간하는 자가 있으면 그 자리에서 활을 당겨 쏘아 죽였다. 이 왕의 다음 행보는 어떠했을까? 모본왕 6년 겨울 11월, 두로杜魯가 왕을 죽였다. 정당치 못한 왕이 신하에게 죽임을 당하는 것은 정해진 수순이다.

두로는 모본 사람으로 왕의 근신이었다. 두로는 왕을 가까이 모시면서 죽임을 당할까 봐 두려움에 떨며 울었다. 그때 어떤 사람이 그에게 충고했다. "대장부가 어찌 우는가? 옛사람의 말에 '나를 사랑하면 임금이요, 나를 학대하면 원수라' 하였다. 이제 왕이 포악한 짓을 하여 사람을 죽이니 이것은 백성의 원수라. 그대는 그를 처치하라." 이 사람의 말은 아주 간명하다. 임금을 죽이기 위해 따로 거사를 준비하지도 않고 모의도 하지 않는다. 고뇌하거나 우물쭈물하지도 않는다. 두로는 이 사람의 충고를 행동으로 옮긴다. 두로는 칼을 품고 왕 앞으로 가서 왕을 죽였다. 왕이 제대로 살지 않으면 만민이 괴롭다. 왕은 군림하는 자가 아니다.

탐욕이 부른 화, 차대왕의 시작과 끝

차대왕次大王, 재위 146~165을 말하기 전에 그의 형 태조대왕太祖大王, 재위 53~146을 이야기해 보자. 고구려 제6대 태조대왕은 7세에 왕좌에 올라 100세에 물러났다. 그리고 119세에 죽었다. 98세까지 살았던 장수왕보다 무려 21년을 더 살았다. 〈세상에 이런 일이〉에 나올 법하게 드문 일이다. 어떤 학자는 몇 명의 왕 이야기를 한 명의 왕에게서 일어난 일처럼 만든 것일 수 있다고도 한다. 하지만 정말 그런지는 확인 불가능하니, 『삼국사기』의 기록을 있는 그대로 수용할 수밖에 달리 방법이 없다. 태조대왕은 나면서부터 눈을 뜨고 볼 수 있었을 만큼 성숙했다고 하니, 일곱 살에 왕위에 오른 것이 전혀 이상하지 않다. 대무신왕도 여섯 살의 왕자 시절부터 정치적 활약이 대단했으며, 열한 살에 왕위에 오르지 않았는가?

태조대왕의 문제는 어려서 등극했기 때문에 생긴 것이 아니라, 너무 오래 살아서 생겨났다. 100살까지 왕좌를 지켰으니 말해 무엇하랴. 장장 93년의 재위 기간을 자랑하는 태조대왕. 2017년 현재 영국의 엘리자베스 여왕은 만 91살이다. 26살에 왕위에 올라 지금까지 65년간을 여왕으로 군림하고 있다. 찰스 황태자는 만 69세! 호사가의 마음으로, 이러다 영원한 황태자로 역사에 기록되는 것은 아닐지, 괜한 걱정을 한 적도 있다. 그런데 태조대왕은 엘리자베스 여왕보다 더 일찍 왕위에 올라서 더 오래 왕 노릇을 한 것이다.

태조대왕의 오랜 재임으로 조정의 신하들 사이에는 다른 마음을 품은 자들이 나타나기 시작한다. 태조대왕 80년 관나우태貫那于台 미유彌儒, 환나우태桓那于台 어지류菸支留, 비류나沸流那 출신의 조의皂衣 양신陽神 등이 왕의 동생 수성遂成을 흔들었다. 이때 왕의 나이는 94살, 수성의 나이는 70살. 동생의 나이도 만만치 않았다. 이들은, 왕이 늙었는데도 양위할 뜻이 없으니 수성에게 대책을 세우라고 속삭거렸다. 수성은 자신을 옹위한 지방 세력과 연합하여 왕이 될 준비를 해나갔다.

태조대왕 86년 아우 백고伯固가 눈치를 채고 수성에게 간하여 말했다. "재앙과 복은 오는 문이 따로 있는 것이 아니라 사람이 그것을 불러들이는 것이다. 임금의 아우라는 근친으로 백관의 우두머리가 되었으니 충성·의리·예도·겸양으로써 욕심을 억제하여 위로는 왕의 덕을 따르며 아래로는 백성의 마음을 얻어야 한다. 이렇게 한 뒤에야 부귀가 몸에서 떠나지 않고 재난이 일어나지 않는다."

아우의 충고를 수성은 이렇게 받았다. "무릇 사람의 생각이 누가 부귀하고 환락하기를 욕망하지 않으랴마는 이것을 얻는 자는 1만 명에 하나도 없을 뿐이다. 이제 내가 향락을 할 수 있는 처지에 있으면서 제 마음대로 하지 않고 장차 무엇을 하겠느냐?" 수성은 천하를 소유하고 독점하는 자리가 왕좌라고 여겼다. 백성들의 안정을 위해 어떤 정치를 펼치겠다는 대의 따위는 전혀 보이지 않는다. 오직 자기 한 몸의 영달과 환락에만 집중한다. 76살에도 인간의 욕심은 팽창하면 팽창했지 결코 줄어들 수 없는 것인가 보다.

탐욕스런 수성은 기어코 왕위를 물려받는다. 태조대왕의 어진 신하인 고복장高福章이 수성의 왕위 계승을 반대하고 그를 처치해야 한다고 간언했으나, 왕은 수성이 나라에 공로가 있다는 이유를 들어 왕위를 물려준다. 태조대왕의 실제 뜻인지 알 수 없지만 정황상 수성이 형에게서 거의 강제로 왕위를 찬탈했던 것으로 보인다. 왜냐하면 수성은 왕위에 오르면서 고복장을 죽이고, 태조대왕의 아들 막근莫勤을 죽인다. 태조대왕의 둘째 막덕莫德은 자살로 생을 마감한다. 수성이 왕위에 오르니 7대 차대왕이다. 이 왕의 말로는 어떠했을까? 제 명에 죽지 못하고, 신하 명림답부明臨答夫에게 죽임을 당한다.

흥미로운 것은 신하 명림답부도 113살까지 살았다는 사실이다. 『삼국사기』에는 명림답부의 「열전」이 수록되어 있는데 명림답부는 차대왕을 죽이고 동생 백고를 왕좌에 앉힌다. 백고가 바로 신대왕新大王, 재위 165~179이다. 명림답부는 신대왕 때 국상까지 올랐고, 한나라와의 전쟁에서 혁혁한 공을 세웠다. 그러나 명림답부의 공적보다 더 눈에 띄는 것 역시 그의 수명이다. 113살까지 살았다니, 놀랍다. 고구려 사람들이 장수했던 것인가, 기록이 잘못된 것인가?

김부식은 차대왕의 왕위 찬탈에 대해 별도로 평가를 했다. "옛적에 송나라 선공宣公이 자기 아들 여이與夷를 왕으로 세우지 않고 자기 아우 목공穆公을 세워 조그마한 인정으로 국가 대계를 어지럽게 함으로써 여러 세대에 환난을 가져왔기 때문에 춘추의 떳떳한 도리에 처함을 소중히 여기라 하였다. 태조왕이 의리를 알지 못하고, 중대한 왕위를 가볍게 생각하여 어질지 못한 아우에게 맡김으로써 화가 한 충신과 두 아들에게 미치게 했으니 탄식을 금할 수 없다."

김부식은 태조대왕이 사태를 제대로 보지 못하고, 인정에 얽매였다고 비판한다. 수성과 그의 세력들이 태조대왕을 압박하여 왕위를 거의 빼앗은 것으로 해석되지만, 김부식은 그보다 먼저 고복장의 충고를 듣지 않은 태조대왕의 판단력을 비판하는 것이다. 수성에게 욕심을 실현할 틈을 주어서는 안 되었는데, 태조대왕이 그 길을 열어 준 셈이라는 것. 누구에게 왕위를 물려줄 것인가? 참으로 예리함이 필요한 일이다. 사사로운 욕심에 취해있는 자, 결단코 왕이 되면 안 된다. 이런 것을 볼 수 있는 혜안도 왕이 갖춰야 할 자질이다.

극과 극, 고국천왕과 봉상왕

고구려 제9대 고국천왕故國川王, 재위 179~197은 "키가 9척이요, 풍채가 웅장하며 힘은 큰 솥을 들 수 있었고, 사건을 처리함에 있어서 너그러움과 날카로움을 적당히 겸비하였다." 고국천왕은 그야말로 외모와 덕을 겸비한 왕이다. 몸과 마음은 하나! 마음이 잘 생기면 외모도 멋지다. 옛날 사람들은 마음의 덕이 풍채로 드러난다고 생각했기 때문에 위엄이 묻어나는 외모를 중시했다. 이렇게 멋진 고국천왕은 왕 노릇을 제대로 수행했다.

고국천왕 때, 왕후의 인척들이 제도를 믿고 교만하고 사치하며, 토지와 주택을 멋대로 약탈하여 백성들의 원망이 하늘을 찔렀다. 왕의 측근들이 권력을 천단하면 어떻게 해야 할까? 기득권 세력인 귀족들이 앞장서서 이들을 물리칠 수 있을까? 아마도 쉽지 않을 것이다. 끈끈한 결속력과 연대의식으로 인해 자신들의 폐단을 근본적으로 혁신하기는 힘들다.

작년(2016)부터 올 초까지 한반도를 떠들썩하게 만든 최순실 게이트도 그렇지 않던가? 최순실이라는 한 명의 비선이 사욕을 채우고 온갖 이권을 독식하기 위해서 정계·재계·법계의 검은 손들과 짱짱하고 은밀하게 연대했음이 얼마나 적나라하게 드러났는가? 최순실 개인의 처신에 문제가 없었다면 아마도 소문만 무성한 뒷거래로 끝날 수도 있었을 것이다.

이럴 때 고구려 왕의 해법은 무엇이었을까? 왕은 중앙의 기득권 세력에게서 해법을 찾아서는 안 된다. 숨어 있는 인재를 투명하게 발굴해야 한다. 고국천왕은 현명한 자를 기용하기로 마음먹고 인재를 찾았다. 권력을 천단하는 무리를 몰아내기 위해 재야에서 농사지으며 사는 현량을 뽑아 쓰기로 작정한다. 권력과 거리가 먼 자, 권력에 제압되지 않은 자를 기용해야 어지러운 현실을 풀어낼 수 있다.

그 유명한 재상 을파소乙巴素가 이때 등장한다. 을파소는 유리왕 때의 대신 을소乙素의 손자로 압록곡 좌물촌에 살며, 성질이 굳세고 지혜가 깊으나 세상에 쓰이지 못하므로 농사를 지어 스스로 생계를 이어 가고 있었다. 어진 사람 안류晏留의 천거를 믿고 왕은 을파소를 등용한다. 재야의 인물을 데려올 때는 파격적인 자격을 부여해야 한다. 그리하여 왕은 을파소가 일을 마음껏 할 수 있도록 국상의 자리를 내린다. 근신과 외척을 누르려면 이 정도의 권한이 아니고는 일을 할 수가 없기 때문이다. 직위는 일에 걸맞아야 한다. 근신과 외척이 을파소를 참소해도 왕은 국상을 절대적으로 신임했다. 그리고 신하들에게 엄포를 놓았다. 국상의 말에 복종하지 않는 자 친족까지 멸하리라! 과연 을파소는 능력을 다 발휘할 수 있었고, 세상은 안정되었다.

김부식은 사평을 이렇게 달았다. "옛날 명철한 제왕들이 어진 자에 대하여 처지를 가리지 않고 선발하며 등용하여 의심을 두지 않았던바, 은나라 고종高宗은 부열傅說에게, 촉나라 선주先主: 유비는 공명孔明에게, 진나라 부견苻堅이 왕맹王猛에게 하듯 한 뒤에야 현량하고 재능 있는 사람들이 해당한 위치와 관직에 있게 되어 정치가 개선되고 교화가 밝혀져서 국가를 보존할 수 있는 것이다. 왕이 단호히 용단을 내어 을파소를 바닷가 벽지에서 발탁함에 있어서 여러 사람들의 비방에 구애하지 않고 그를 백관의 윗자리에 등용하였으며 또한 천거한 자에게까지 상을 주었으니 옛날 임금들의 법도를 체득하였다고 말할 수 있다."

통치는 영토를 넓히거나 법령을 세우거나 성을 쌓는 업적과 다르다. 정치적인 행정을 잘하는 것만이 통치는 아니다. 천하를 자신의 소유로 여기지 않고 백성을 편안하게 하는, 백성과 더불어 즐길 수 있는 정치를 펼쳐야 한다. 고구려는 백성을 편안하게 해준 왕에 대해서는 무한히 신뢰하고, 절대 권력을 안겨 주지만, 그렇지 못할 경우 그 책임을 물어 철저하게 응징했다.

고국천왕과는 완전히 극에 해당하는 왕이 있다. 제14대 봉상왕烽上王, 재위 292~300. 어려서부터 교만하고 방탕하며 의심과 시기가 많았다. 왕이 된 이후, 극도로 사치하여 화려하게 궁실을 증축하며 사리사욕에만 치중했다. 왕의 생활과는 완전 반대로 백성들은 굶어 죽고 서로 잡아먹는 끔찍한 상태에 놓여 있었다. 그렇지만 왕은 계속해서 토목공사를 진행하여 백성들을 피폐하게 만들기를 멈추지 않았다.

창조리倉助利가 말하였다. "백성들이 살 곳이 없으므로 장정들은 사방으로 흩어지고 노약老弱들은 개천과 구덩이에서 헤매고 있으니 하늘을 두려워하고 백성들을 걱정하여 조심하고 반성할 때입니다. 대왕께서 굶주리는 사람들을 몰아다가 토목역사로써 괴롭히는 것은 백성들의 부모로서 본의에 매우 어그러지는 것입니다. 우리가 피폐한 틈을 타서 적들이 쳐들어온다면 어떻게 되겠습니까?"

왕은 신하의 말을 건성으로 듣고 말한다. "백성들이 쳐다보는 바인데 궁실이 웅장하지 않고 화려하지 않으면 위엄과 무게를 보일 바가 없는 것이다. 국상은 나를 비방함으로써 백성의 칭찬을 구하려는 것이다." 왕이 중시하는 것은 위세에 복종할 수 있게 하는 "두려움과 외경"의 효과이다. 물론 백성이 왕이 두려워 복종은 할 수 있지만 지나치다 보면 백성은 자연히 나라를 떠난다. 백성들에게는 자신들을 안집安集시켜 줄 환경이 중요하다. 그럴 수 없는 상황이라면 백성들은 임금과 땅을 버리고 과감하게 떠나는 것이다. 백성들에게 자기의 삶만큼 중요한 게 어디 있겠는가? 왕도 국가도 부차적일 뿐이다.

　봉상왕은 창조리의 간언을 듣지 않는다. 심지어 안국군安國君 달가達價 같은 공신조차 백성들이 존경한다는 이유로 의심하여 음모를 씌워 죽였다. 봉상왕의 악행은 용서받지 못한다. 결국 왕은 창조리에게 죽임을 당한다.

백제의 동성왕, 귀 닫고 문 닫고!

지나치게 사치하고, 백성을 돌아보지 않는 왕은 백제에도 있었다. 제24대 동성왕東城王, 재위 479~501! 동성왕의 이름은 모대牟大, 담력이 남보다 월등하고, 활을 잘 쏘아 백 번 쏘면 백 번 맞혔다. 그러나 이런 활쏘기 실력이 백성을 통치하는 데는 별 소용이 없었다. 크게 가문 여름에 백성들이 굶주려 서로 잡아먹으며 도적이 많이 일어나매 신하들이 창고를 열어 구제하고자 했으나 왕은 듣지 않았다.

사람을 잡아먹을 정도의 굶주림도 구제하지 않는 왕이라면 미래는 불 보듯 뻔하다.

동성왕의 욕심은 멈추지 않는다. 대궐 동쪽에 임류각을 짓는데 높이가 다섯 길이나 되게 하고, 연못을 파고 진기한 새도 길렀다. 간관들이 이에 항의하여 글을 올렸으나 동성왕은 대답도 하지 않고, 다시 간하는 자가 있을까 염려하여 대궐문을 닫아 버렸다. 탐욕에 빠져 귀도 닫고 대궐문도 닫아 버렸으니 구제불능 자체다.

구제불능인 왕의 말로는 죽음이다. 동성왕은 활을 쏘는 실력이 남달라서인지, 사냥을 좋아했다. 사비 서쪽 벌판에서 사냥하다가 큰 눈에 길이 막혀 마포촌에 묵었다. 예전에 백가百加에게 가림성加林城을 지키게 했을 때 백가는 가고 싶지 않아 병을 핑계 댔으나 왕이 승낙하지 않았다. 이 일로 백가가 왕에게 원한을 품게 되어서, 마포촌에 머물고 있는 왕을 칼로 찔러 죽인다. 동성왕을 죽인 백가도 그리 정당해 보이지 않아 왕의 죽음의 의미가 빛바랜 듯하지만, 자비심이라곤 조금도 없는 왕의 말로는 이랬다.

이에 김부식은 논평했다. "좋은 약이 입에는 쓰지만 병에는 이롭고 바른 말이 귀에는 거슬리지만 품행에는 유익한 것이다. 그러므로 옛날 명철한 임금들은 자기 태도를 겸허하게 하여 정사를 물으며, 간하는 말을 하지 않을까 염려하여 낯빛을 부드럽게 하며, 하소연할 때 칠 수 있는 북을 달며, 비방하는 말을 기록하게 하는 나무를 세워 온갖 조치를 다 취했다. 이제 모대왕모대는 동성왕의 이름은 간하는 글이 올라와도 반성하지 않고 다시 문을 닫아 거절하기까지 했다. 장자는 말하기를 '허물을 알고 고치지 않으며 간하는 말을 듣고도 더욱 심하게 구는 것을 한악悍惡하다고 한다'라고 했으니 모대왕을 두고 이른 말일 것이다."

김부식은 왕이 신하와 백성들의 소리에 겸허하게 귀 기울여, 좋은 말은 더욱 힘쓰고 비방의 말은 고쳐야 한다고 보았다. 이래야 나라가 잘 다스려진다고 말할 수 있는 것이다. 왕은 자기 안에 갇혀서는 안 된다. 사심으로 막혀 있어서도 안 된다. 실수는 할 수 있다. 다만 실수를 실수로 알고, 인정하고, 고치면, 왕 노릇할 수 있는 덕목을 갖춘 것이다.

그리고 가장 중요한 자질은, 백성들을 천하로 여기며 이 마음을 정치로 실현하는 것이다. 맹자는 말했다. 백성들이 왕의 동산에서 나무하고 토끼와 돼지를 잡을 수 있으면 사방 70리의 동산도 작다할 것이라고. 하지만 혼자 독점한다면 사방 10리의 동산도 크다할 것이라고. 백성들을 구하고자 한다면 왕은 오히려 자기가 다스리는 영토조차 버릴 수 있어야 한다. 왕의 마음을 알면 영토를 버려도 백성들은 따라온다. 오직 백성의 그 헐벗은 생명을 직시하는 것이 중요할 뿐이다. 공생을 생각하지 않는 왕은 전쟁으로 땅을 넓혀도, 제도를 잘 만들어도 좋은 왕일 수 없다.

김부식의 역사—정치학의 비전

김부식은 신라가 삼국을 통일했을 때, 고구려가 왜 멸망했는지 그 까닭을 따졌다. 고구려의 역사를 처음부터 끝까지 천착하여 다음과 같은 결론을 내린다. "임금과 신하가 화평하고 백성들이 친목하였을 때는 아무리 큰 나라라도 고구려를 빼앗지 못했다. 그러나 정사를 옳게 처리하지 못하고 백성들을 몹시 함으로써 여러 사람들의 원성을 불러일으킨 뒤에는 걷잡을 수 없이 붕괴되었다. … 그러므로 좌구명左丘明이 말한 바 '나라가 흥하려면 백성을 상처와 같이 아끼나니 이것이 복이요, 나라가 망하려면 백성을 흙이나 검불같이 여기나니 이것이 화이다'라는 말은 의미심장하지 않을 수 없다."(「보장왕조」, 「고구려 본기」, 『삼국사기』) 국민이 개돼지 같다고 공공연히 떠들어대는 이 시대가 김부식에 의하면 나라의 재앙이 아니고 무엇이겠는가?

통일신라가 분열되고 끝내 신라가 멸망하는 과정을 기술하는 대목에서도 김부식은 어김없이 경계했다. "신라가 중국 군사의 위엄과 전술에 의해 백제와 고구려를 없애고 그 지역들을 군현으로 만들었으니 훌륭한 일이었다고 할 수 있다. 그러나 불가의 설법을 신봉하여 그 폐해를 깨닫지 못하였으며, 여기에 이르러서는 항간에까지 탑과 절간이 즐비하게 되고, 일반 백성들이 중으로 도피하여 군사와 농업이 점점 줄어들고, 국가가 날로 쇠퇴하게 되었으니 이렇게 하고서야 어찌 문란하지 않고 멸망하지 않기를 바라겠는

가?"^{(경순왕조),「신라 본기」『삼국사기』}

김부식은 통일신라가 쇠락한 주요 원인을 불교 탓으로 돌렸다. 종교는 구원일 수도 있지만, 자칫하면 미망이 된다. 일신의 복만 권하는 종교, 사리사욕을 채우는 종교, 권력의 시녀 노릇하는 종교는 분명 사람들의 혼을 비정상(癶)으로 만든다. 어찌 영혼이 맑기를 바랄 수 있겠는가? 김부식이 유가적 역사의식을 지녔다고 불교 자체를 비판한 것이겠는가? 종교가 암매해질 때 일어나는 폐단을 비판한 것이다.

김부식은 궁예弓裔의 뒤를 이은 왕건王建의 행위에 대해서도 은근슬쩍 돌려까기를 한다. 왕건을 통해 고려의 왕들에게 말하고 싶었던 것이다. 920년 신라의 사신이 고려에 왔다. 이때 왕건은 신라에 있는 세 가지 보물, 황룡사의 장륙불상과 9층탑 그리고 천사옥대天賜玉帶에 대해 묻는다. 그런데 이에 대해 김부식이 특별히 사평을 달았다. 그래도 상대가 고려의 태조이므로 김부식은 왕건이 신라의 전설에 대해 물었을 뿐이며, 이 보물을 귀중하게 생각해서 물은 것은 아니었다고 조심스럽게 변호한 뒤, 통치자가 귀하게 여겨야 할 진정한 보물을 제시하면서 왕건의 행위를 경계한다. "이 세가지 보물이란 역시 사람의 손으로 만들어 놓은 사치한 물건일 따름이니 나라를 통치함에 있어 어찌 이것이 꼭 필요하겠는가? 맹자는 말하기를 '제후의 보배가 셋인바, 토지·인민·정치이다'라 하였으며, 『초서』에는 '초나라에는 보물로 할 것이 없으나 오직 선을 보배로 삼는다'고 하였다. 이런 것을 국내에서 실행하면 족히 온

나라 사람을 착하게 할 것이며 국외로 옮기면 족히 온 천하에 혜택을 입힐 수 있는 것이니 이밖에 또 무엇을 보배라고 말할 수 있겠는가!"⁽경명왕조⁾, 「신라 본기」, 「삼국사기」

우리는 역사에서 무엇을 읽는가? 문명의 정도? 앞서가는 문명의 이기들을 부족함 없이 누린다면 제대로 잘 다스려진 사회인가? 한 사람도 추방되거나 소외되지 않고 민주주의가 실현될 때 잘 다스려진 사회인가?

우리는 지금 통치자 한 사람이 만민에게 권력을 휘두르던 시대를 훌쩍 뛰어넘어 만민이 주체가 되는 사회에 살고 있다. 말로는 그렇다. 명실상부하려면, 만민도 자격을 갖춰야 한다. 통치자의 어리석음을 넘으려면 대중이 어리석어서는 안 된다. 삼국시대에는 통치자가 잘 다스리면 만민이 평안하고 천하가 즐거웠다. 그러나 지금은 통치자 한 사람이 만민을 책임질 수 없다. 만민 한 사람, 한 사람의 행동과 지성이 세상을 좌우한다. 통치자의 어리석음과 대중의 어리석음이 결합하는 순간, 혼란이 야기된다. 그러니 대중은 깨어 있어야 한다. 통치자의 자질이 이제는 대중의 자질이 되었다. 대중이 현명해야 하는 시대이다. 통치자만 자질을 갈고 닦을 것이 아니라 대중도 스스로 통치자의 자질을 갈고 닦아야 한다. 그래야 정치가 제대로 펼쳐진다.

三
國
史
記

Keyword

05.

자연

역사를 배반하는 역사

10. 너무나 역사적인 자연의 사실들

예상 밖의 '역사적 사실'

책을 읽는 묘미는 기대나 예상을 넘어설 때 찾아온다. 책이 주는 신선함, 그 의외성은 잠든 뇌를 깨우는 가장 좋은 방법이다. 자극이 없다면 우리는 관성적으로밖에 사고하지 못한다. 식상한 패턴으로만 뇌가 활동하면 우리의 마음도 신체도 무기력에 빠져 감각의 자극에만 민감해지지 않을까? 감각기관만 비대해지면 더 센 쾌락적 자극을 찾아 헤매다, 끝내 심신은 마비되고 만다. 마비된 뇌를 활성화하고, 뇌의 흐름을 바꾸는 가장 효과적인 활동은 독서라고 생각된다. 그중에서도 역사책은 현재라는 관성 안에 갇힌 뇌의 회로에 다른 길을 내준다. 물론 고도의 집중력과 지루한 시간을 견디는 인내력은 필수이다. 기꺼이 역사책 속으로 뛰어들면 그 유구한 시간의 흔적들 속에서 저마다 다른 방식의 삶을 살아갔음을 인지할 수 있다. 역사책을 읽어야 하는 이유는 과거가 절대적으로 옳아서가 아니라 매우 '다른 지평'을 통해 현실에 갇힌 인간들이 보여 주는 어리석음, 매너리즘에 빠진 인간들의 기만을 비추어 볼 수 있기 때문이다. 적어도 역사책을 읽으면 내가 믿는 것이 전부가 아님을, 하여 보다 넓은 시공의 포물선을 그릴 수 있도록 뇌를 유연하게 만들 수 있으리라는 것은, 나만의 착각일까? 어찌 됐든, 책은 당연히 상식을 뛰어넘는 반전과 의외성을 담아야 한다. 우리를 뜻밖의, 상식 밖의 지대로 내모는 것은, 이름하여 책!

『삼국사기』의 「신라 본기」를 읽으면서 전혀 뜻밖이어서 놀랐던 것은 내가 기대한 사실들은 드물게 나오고, 예상하지 않았던 사건(?)들로 이 책이 채워져 있다는 사실이었다. 그것은 다른 어떤 사건보다 더 중심에 놓여 있었던 사건, '천문天文과 천재지변天災地變'에 관한 기사였다. 지금으로 말하자면, 오늘의 날씨에 해당하는 기사들이 즐비했던 것이다. 처음에는 신라시대의 역사가 부족하거나 소멸되어서 그렇다고 여겼다. 그런데 이런 식으로 판단하는 것이 또 하나의 편견일 수 있다는 생각이 들었다. 내가 보는 역사적 사실과 김부식 혹은 「신라 본기」의 자취를 남긴 그 편자들이 판단한 역사적 사실이 매우 다르기 때문이라는 결론에 도달했다. 어쩌면 역사적 사실이라는 문제도 하나로 정의 내릴 수 없는 것일지 모르겠다. 김부식에게 역사적 사실이란 무엇이었을까?

인간사의 한 계열, 자연사

신라사만 놓고 보자. 역사적 사실로 기술된 중요한 사건은 '왕의 교체', '외세와의 전쟁'(백제·가야·왜·고구려와의 전쟁 : "내해이사금 29년 가을 7월에 이벌찬^{伊伐湌} 연진^{連珍}이 백제와 봉산 아래에서 싸워 이를 격파하고 사람의 머리 1천 여 개를 얻었다"와 같은 기사들), '반란', '천문과 천재지변' 등이다. 앞의 사건들이야 역사책이나 국사교과서에서 흔히 접했던 사안이지만, '천문과 천재지변'에 관한 기사는 의외였다. 아무런 사건이 없는 날에도 가장 중요한 사건처럼 한두 줄로 기술된 천문에 관한 기사.

천지의 운행과 변화는 우주만물과 교섭하며 살고 있는 인간에게 매우 중요한 영향을 주는 것이기는 하지만, 국가사를 다루는 『삼국사기』에서 자연사가 중대사건으로 계열화되어 있다는 것은 무지의 탓이었는지는 몰라도 내게 매우 신선한 충격이었다. 이 시대 인간 생활의 그 어떤 면모보다 더 주목했던 것이 천지의 운행과 변화였다니! 인간에게 절대적으로 중요하고 필수적인 기준 혹은 사실의 개념 또한 달라진다는, 그 지당한 진리를 망각하고 살았던 것이다. 『삼국사기』를 들춰 보며 새삼 놀라웠다. 유례 없는 폭염에 시달리며 오늘은 섭씨 몇 도인지에 민감하게 반응하고, 미세먼지 지수를 확인하면서도, 그것이 몇 백 년 혹은 그 이상의 과거를 담은 역사책에 중대한 사건으로 남겨진다고는 상상해 본 적이 없기 때문이다. 지금 우리에겐 무엇이 가장 중대한 사실일까? 경제와 관련된 사안들? 자본과 증식, 소유와 소비로 빚어지는 인재人 災와 범죄들?

본기	왕명	기사 내용
신라 본기	혁거세	4년 여름 4월 초하룻날 신축에 일식이 있었다. 9년 봄 3월에 왕량(王良) 성좌에 혜성이 나타났다. 14년 여름 4월 삼성(參星) 성좌에 혜성이 나타났다. 24년 여름 6월 그믐날 임신에 일식이 있었다. 30년 여름 4월 그믐날 기해에 일식이 있었다. 32년 가을 8월 그믐날 을묘에 일식이 있었다.
	지마이사금	3년 여름 4월 큰물이 났다. 죄수들을 재심사하여 주고 죽을죄를 제외하고 나머지는 죄다 용서하였다. 9년 봄 2월에 큰 별이 월성 서쪽에 떨어졌는데 그 소리가 우렛소리 같았고 3월에 서울에 전염병이 크게 돌았다.
	내해이사금	8년 겨울 10월에 복숭아와 자두가 꽃이 피고 사람들은 전염병을 많이 앓았다. 31년 봄에 비가 내리지 않다가 가을 7월에 이르러서야 비가 내렸다. 백성들이 굶주리므로 창고를 헤쳐 구제하였다. 겨울 10월에 서울과 지방의 죄수를 재심사하여 주고 가벼운 죄는 용서했다.
	파사이사금	21년 가을 7월에 우박이 내려 나는 새가 죽었고, 겨울 10월에는 서울에 지진이 있어서 민가가 쓰러지고 죽은 자가 생겼다. 30년 가을 7월에 누리가 곡식을 해하므로 왕이 산천에 두루 제사하여 기도로 액막이를 했더니 누리가 없어지고 풍년이 들었다.
	소지마립간	22년 여름 4월에 폭풍이 불어 나무가 뽑히고 용이 금성 우물에 나타나고 서울에 누런 안개가 사방에 자욱하게 끼었다.
	진평왕	50년 여름에 몹시 가물어 저자를 옮기고 용을 그려서 비를 빌었다. 가을과 겨울에 백성들이 굶주려 자녀를 팔았다.

신라 본기	경덕왕	2년 봄 3월에 주력공(主力公)의 집의 소가 한 배에 송아지 세 마리를 낳았다.
고구려 본기	봉상왕	9년 봄 정월에 지진이 있었다. 2월부터 가을 7월까지 비가 오지 않았으며, 흉년이 들어 백성들이 서로 잡아먹었다.
	고국양왕	3년 겨울 10월에 복숭아와 자두나무 꽃이 피었다. 소가 말을 낳았는데 발이 여덟이요, 꼬리가 두 개였다. 6년 봄에 기근이 들어서 사람들이 서로 잡아먹으므로 왕이 창고를 헤쳐서 구제하였다.
	안원왕	12년 봄 3월에 바람이 크게 불어 나무를 뽑고 기왓장을 날렸고, 여름 4월에는 우박이 내렸다.
백제 본기	비류왕	28년 봄과 여름이 크게 가물어 풀과 나무가 마르고 강물이 말랐다가 가을 7월에 이르러서야 비가 내렸으므로 흉년이 들어 사람들이 서로 잡아먹었다.

『삼국사기』에 기재된 「본기」의 기사들을 표로 만들어 보았다. 과학과 기술의 발달로 자연재해를 어느 정도까지는 조절할 수 있는 최근세에도 자연의 막강한 융단 폭격에는 속수무책인 것이 자명한 현실이다. 인간이 일구어 놓은 터전은 지진 혹은 토네이도나 쓰나미가 몰아치면 삽시간에 폐허가 되고 만다. 실상 자연으로부터 자유로울 수 있는 사회가 어디 있는가 말이다. 자연현상이 생활 곳곳에 절대적 영향력을 행사할 때, 인간의 촉수가 자연을 향해 뻗치는 것은 당연하지 않은가?

삼국시대에 자연현상은 인간의 삶을 좌우하는 매우 중요한 사건이었다는 것. 그래서 일식이나 기후는 단순한 자연현상이 아니라 인간의 삶이자 인간의 역사 그 자체였던 것이다. 가뭄이나 해

충은 백성들의 생계와 직결되는 문제였다. 천지가 궤도를 벗어나는 현상은 백성들의 생활에 직접 영향을 미쳤던 것이다. 천재지변으로 인해 병들거나, 굶주려 죽거나, 사람끼리 서로 잡아먹는 일이 생긴다. 천지자연은 인간을 제약한다. 자연의 흐름은 인간들을 풍요롭게도 궁핍하게도 한다. 그러므로 인간들은 자연의 움직임을 역사적 사건으로 보았던 것이다. 자연이 인간생활에 절대적이니만큼 자연의 변화는 중요한 역사가 된다.

조짐으로서의 천재지변, 이것도 사실이다!

자연의 순환이 순조로울 때엔 인간들이 편안하다. 자연의 순환이 순조롭지 못할 때 인간들은 고통스럽다. 그럴 때 위정자인 왕은 산천초목에 제사지내거나, 죄수들을 사면해 주거나(억울한 자를 풀어주기 위해), 사회의 약자인 고아·홀아비·과부·자식 없는 늙은이[四窮] 등에게 기초 생활을 마련해 준다. 생각해 보면 천재지변으로 인해 사람들이 헐벗고 굶주릴 때 그들을 구휼하는 행위는 인정상 하지 않을 수 없는 것으로, 정치하는 자들의 당연한 임무이다. 그런데 왕은 여기에서 그치지 않는다. 하늘과 땅의 신들에게 제사를 지내 몸가짐을 경건하게 하고, 억울한 사람이 있을까 죄수를 사면하여 덕을 베푸는 행위를 했던 것이다. 물론 거대하고 막강한 자연 앞에 경건해지면서 행동을 삼가는 것도 인간이 할 수 있는 자연스럽고 합리적인 태도로 보인다. 하늘의 거친 기세로 인하여 땅에 살고 있는 인간 사회를 다시금 돌아보는 것은 어찌 보면 당연한 마음의 행로이기에 비합리적이거나 신비스럽게 여겨지지는 않기 때문이다.

그러나 그 다음이 문제였다. 『삼국사기』에 기술된 자연현상은 농사와 같은 인간의 생존과 직결되어 있기 때문에 중시되는 것이지만, 그 자연현상이 생존 때문에만 기술된 것은 아니라는 점이다. 천지의 운행과 변화에 관한 기사 중 많은 부분이 인간들에게 어떤 사건을 예고하거나 경고하는 '조짐'으로서 사건화되어 있었기 때문이다. 가뭄, 장마와 같은 기상의 변화는 물론 때에 맞지 않은 더위와 추위 등의 이상 기온, 일식이나 혜성의 출현, 그리고 별자리의 움직임, 돌연변이종들, 천지만물의 기이한 현상들이 촘촘히 나열되어 있었다. 김부식에게 이런 현상은 천지자연의 질서 속에서 일어나는 독립적이며 특별한 흐름으로 취급되지 않았다. 그러니까 특별하고 이상해서 상기된 것이 아니라, 모두 인간들의 행위와 관련된, 일종의 원인이자 결과로 하나의 계열을 구성하고 있었던 것이다.

말하자면, 어떤 천문현상, 자연현상은 국왕의 죽음, 반란, 전쟁과 같은 혼란을 예고하거나 혼란이 발생하는 사건으로 계열화되어 있었다. 자연현상과 인간의 일 사이에 인과관계가 설정되어 있었던 것이다. 물론 혜성이 출현한 자체는 사실에 해당되며, 전쟁이 일어난 것도 사실에 해당한다. 우리에게 그 각각은 아무런 관련이 없다. 그저 독립된 사건일 뿐이다. 전자는 하늘계의 사건, 후자는 인간계의 사건. 그러나 김부식은 이 둘이 인과로 이루어진 하나의 사실이라고 믿었다. 하늘과 인간은 상호작용한다. 하늘은 인간에 영향을 미치고, 인간은 하늘에 영향을 미친다. 하늘은 조짐을 보여주고 인간은 그 하늘의 뜻을 읽어서 풀어내거나 혹은 하늘이 뜻한 바대로의 일을 겪는다.

김부식은 합리적이며, 고증 가능한 사실의 역사를 기술하고자 했던 역사학자이다. 그럼에도 사실에 대한 관념은 우리와 현저하게 달랐던 것이다. 지금의 우리는 믿지 않는, 어렴풋한 비의로만 간주하는 하늘의 예시와 조짐을 삼국시대와 고려시대, 심지어 조선시대까지도 계속해서 사실史實로서 인지했던 것이다. 우리의 시대는 더 이상 하늘과 인간의 상호 감응을 사실로 믿지 않는다. 하늘과 인간이 감응한다는 사실事實은 사실史實이 아니다. 합리의 세계로는 설명 불가능한 신비의 영역일 뿐이다. 현대의 우리들은 이것을 비의적인 판단이자 해석의 문제로 간주한다.

따라서 우리는 김부식이 판단이나 해석의 차원을 사실로 착각했다고 평가한다. 그런데 엄밀하게 따졌을 때 우리가 사실이라고 규정하는 것이 정말 사실인가? 그 또한 "우리가 받아들인 판단들의 연쇄에 지나지 않는"(김용옥, 「노자 철학 이것이다」 상, 통나무, 1989, 131쪽) 것일 수 있다. 그 어떤 사실도 사실로 존재하지 않는다. 가치와 판단이 개입되지 않은 사실은 없다. 삼국시대 사람들에게는 자본과 소유의 관계가 사실로 보이지 않고 비의적이고 신비한 세계일 수 있다. 우리가 하늘과 인간이 상응하는 관계를 신비하다고 여기는 것처럼 그들은 인간과 화폐의 관계성, 즉 자본주의 자체가 초자연적인 신비의 세계이지 않을까?

인간은 소우주이다. 중국의 음양오행설의 입장에서 보자면 인간은 우주의 흐름과 함께 하고 있으며, 인간 자체가 우주라는 점에서 인간과 우주의 질서는 상관적일 수밖에 없다. 이것이 김부식의 역사관에 깊은 영향을 미쳤다. 진秦나라 여불위呂不韋의『여씨춘추』呂氏春秋, 한나라 유안劉安의『회남자』淮南子에서 천지-인간의 감응을 논한 이후, 한나라 무제 때 동중서董仲舒는 천지-인간의 상관성을 역사-정치-철학으로 정립했다. 이것은 직관으로 얻어진 이론이 아니다. 역사 경험 중에 얻어진 것으로 하늘에 대한 체험의 총결에 다름 아니다.

사람의 형체를 관찰하면, 한결같이 만물보다 매우 높아서 하늘과 유사한 까닭은 무엇인가? 만물은 네 발로 땅에 엎드린 채로 하늘의 음양을 취해서 생활할 뿐이지만, 사람은 곧 찬란하게 문리를 갖추고 있다. 그렇기 때문에 만물의 형체가 천지의 사이에서 납작 엎드려 엉금엉금 기어 다니지 않는 것이 없지만, 오직 사람만은 머리를 곧게 세우고 똑바로 서서, 천지와 바르게 마주한다. 그렇기 때문에 천지의 기운을 조금 취한 것은 엎드려 기게 되고, 천지의 기운을 많이 취한 것은 바르게 마주하는 것이다. 여기에서 사람이 만물 가운데 가장 뛰어나서 천지와 함께 삼재三才가 될 수 있는 까닭을 볼 수 있다.

그렇기 때문에 사람의 몸에서 머리가 크고 둥근 것은 하늘의 모습을 상징하고, 머리카락은 해와 달을 본뜬 것이고, 코와 입으로 숨을 내쉬고 들이쉬는 것은 바람의 기운을 본뜬 것이며, 가슴속이 탁 트여서 지각을 갖는 것은 천지신명을 본뜬 것이고, 뱃속이 가득 차고 비는 것은 온갖 사물을 본뜬 것이다. 온갖 사물은 땅에 가장 가까이 접근해 있으므로 허리 아래는 땅이다. 하늘과 땅을 본뜬 것에 허리로 띠를 삼았으니, 목 위로는 정신이 존엄하여 하늘과 같은 종류의 형상이라는 것을 밝힌 것이고, 목 아래로는 풍만하고 비천하여 토양에 비유한 것이며, 발이 펼쳐지고 모난 것은 땅을 본뜬 것이다. 그렇기 때문에 띠를 정돈해서 큰 띠를 반드시 허리에 맞추어 둘러매어서 심장과 구별한다. 띠 위로는 모두 양이 되고 띠 아래로는 모두 음이 되는데, 각기 그 직분이 있다. 양은 하늘의 기운이고 음은 땅의 기운이다. 그러므로 음양이 운행하면서 사람의 발을 병들게 하기도 하고, 목구멍의 마비를 일으키기도 하는 것은 지기地氣가 상승하여 구름과 비가 되는 것과 같은 것이니, 그 형상도 그 기운에 감응한 것이다.

천지의 부신符信과 같고 음양의 부본副本과 같은 것을 항상 사람의 몸에 베풀어 놓으니, 사람의 몸은 하늘과 같다. 몸의 수는 천지의 수와 서로 합한다. 그러므로 사람의 명 또한 천지의 명과 서로 연계되는 것이다. 하늘의 한 해를 마치는 숫자로 사람의 몸을 이루었다. 그러므로 작은 뼈마디가 360으로 나누어진 것은 한 해의 날 수에 부합하고, 큰 뼈마디가 12로 나누어진 것은 달의 수에 부합하며, 몸속에 오장이 있는 것은 오행의 수에 부합하고, 몸 밖에 사지가 있는 것은 네 계절의 수에 부합하며, 잠깐 눈을 떴다가 감는 것은 낮과 밤에 부합하고, 성질이 강하기도 하고 부드럽기도 한 것은 겨울과 여름의 기후에 부합하며, 슬퍼하다가도 금방 즐거워하는 것은 음양에 부합하고, 마음에 계산하고 헤아리는 능력이 있는 것은 천지의 도수에 부합하며, 행위에 윤리가 있는 것은 천지에 부합한다. 이 모든 것은 모르는 사이에 몸에 붙어서 사람과 함께 살면서 같은 종류에 따라 밀접하게 합치된다. 그 수로 셀 수 있는 것은 그 수가 부합하고, 수로 셀 수 없는 것은 그 같은 종류로써 부합하여, 모두 똑같이 하늘의 도에 부합하니, 곧 하늘과 사람은 하나이다(소여, 『역주 춘추번로

의증』 허호구·윤재환·정동화 옮김, 소명출판사, 2016, 499~503쪽)

동중서는 인간과 천지는 연결되어 있기 때문에 인간과 천지는 동형 구조로 이루어졌다고 인식한다. 인간은 천지와 같은 형상을 하고, 같은 기운을 탔으며, 인간의 몸은 1년 360일, 12달, 5행, 4계절이라는 천지의 운행 주기에 상응한다. 이러니 천지와 인간이 어찌 서로 감응하지 않을 수 있겠는가? 천지의 기운은 인간에게 영향을 미치고 인간의 기운은 천지에 영향을 미친다. 천지가 그 궤도를 이탈하는 것은 궤도를 이탈한 인간의 기운이 전달되어서이

다. 그러니 천지의 이상한 변화는 인간 탓이며, 인간은 그 조짐에 응답해야만 하는 것이다. 동중서에게 정치는 이 조짐을 읽어 내어 그에 상응하는 행위를 하는 것이다. 그리고 역사는 이 조짐의 경험들을 기술하는 것으로, 인간은 이 경험을 통해 조짐을 해석하는 방법을 배울 뿐만 아니라, 이 조짐들을 바꾸는 기운을 내는 데 동참해야 하는 것이다.

> 많은 삿된 기운[邪氣]이 누적되면 그 화가 미치지 않음이 없다. 바람과 비는 알맞게 오지 않고, 음양이 순서를 잃고 네 계절이 뒤바뀌고, 백성들이 음란하여 생육하지 못하고, 짐승들은 태가 없어져 번식할 수 없으며, 초목은 왜소하여 생장하지 못하고, 오곡은 말라 비틀어져 결실을 맺지 못한다.(여불위, 「명리,明理」 『여씨춘추』)

> 군주가 부덕하여 형벌로써 다스리면 삿된 기운이 생긴다. 재해는 천하가 평화롭지 못할 때 발생한다. 악한 정치는 악한 기운을 만들며, 악한 기운은 재해를 생기게 한다.(육가, 「명성,明誠」 『신어』)

> 하늘과 인간은 서로 통하는 데가 있다. 그러므로 나라가 위망危亡하면 이에 감응하여 천문은 변한다. 세상이 미혹되고 어지러우면 홍현虹蜺: 무지개나 이상한 기운이 나타난다. 만물은 서로 연계되어 있고 상서롭지 못한 기운은 서로를 요동치게 한다.(유안, 「태족,泰族」 『회남자』)

『주역』의 형성 이래로 동아시아에서의 성인은 천지의 법칙을 관찰해서 인간사의 법칙을 정립했다. 인간과 우주가 별개의 세계라고 생각해 본 적이 없다. 이런 사고는 전국시대로부터 한나라에 이르러, 유가의 정치철학에 입각한 천인감응설로 이어졌다. 전국시대의 『여씨춘추』, 전한前漢시대의 『춘추번로』, 『회남자』, 『신어』에서 인간과 우주의 기운을 연결시키면서, 인간 마음을 제어하는 장치로 천재지변을 의미화시켰다.

신하가 임금을 시해하고 자식이 아버지를 시해하며, 서자가 적자를 살해하여 통치하지 못하니, 서로 번갈아가며 공격하여 땅을 넓혔다. 강한 자들이 서로 위협하여 윗사람이 아랫사람을 통제하지 못하니, 강한 자가 약한·자를 압박하고 강한 군대가 약한 군대를 가진 자를 폭압하며, 부자가 가난한 사람을 부려서 겸병하여 차지하기를 그치지 않았다.

신하가 천자의 지위를 참람하여도 금지하지 못하게 되자, 태양은 따라서 일식이 일어나고, 별이 비처럼 떨어지며, 메뚜기가 죽어서 떨어지고, 사록沙鹿: 하수 주변의 읍 이름이 무너지며, 여름에 크게 홍수가 졌고, 겨울에 크게 눈이 내렸으며, 송나라에 운석이 다섯 개 떨어졌고, 익조 여섯 마리가 바람에 밀려 뒤로 날아갔으며, 서리가 내려도 풀이 시들지 않았고, 오얏과 매실이 겨울에 열매를 맺었으며, 정월부터 7월까지 비가 오지 않았고, 지진이 일어났으며, 양산이 무너져 하수를 메워 3일 동안 강물이 흐르지 않았고, 낮에 어두웠으며, 혜성이 동방에서 나타났고, 또 혜성이 진방에서 나타났으며, 관욕새가 노나라에 둥지를 틀었다. 『춘추』에서는 이러한 일을 괴이하게 여겼으니, 이러한 일로써 패란의 징조를 나타내 보인 것이다.(소여, 『역주 춘추번로의증』 125~128쪽)

인간과 우주는 하나의 몸체이다. 분리되어 다른 몸체가 되었지만 인간은 천지와 똑같다. 형상과 수만 똑같은 것이 아니라 기가 하나로 연결되어 있기 때문에 사악한 기운은 사악한 기운을 만들고, 좋은 기운은 좋은 기운을 만든다. 서로가 그렇다. 천지와 인간 어느 일방만 그렇게 하지 않는다. 상호 작용, 상호 감응이다. 동아시아에서는 이것이 팩트다. 김부식은 이 사실을 역사에 충실히 반영했다.

이런 점에서 본다면 오늘날과 김부식의 시대는 연속이 아니라 단절이다. 완전히 다른 사유의 지대. 이 단절적인 사유의 대지에서 우리는 무엇을 봐야 하는가? 『삼국사기』의 「신라 본기」를 따라 가며, 천지자연이 인간에게 무엇이었는지, 그 천지자연과 정치가 어떤 관계를 맺었는지 탐사해 보자.

11. 자연사와 인간사의 함수관계

천재지변과 왕의 죽음

자연은 인간생활에 직접 관계되기도 하지만, 왕의 죽음과 같은 인사人事를 천재지변으로 예시한다. 「신라 본기」에는 왕의 죽음을 예고하는 이상한 기운들이 기술된다. 『삼국사기』 안에서 이런 것들은 역사적 사실이었다. "제왕이 장차 일어나려고 할 때 하늘은 반드시 상서로운 조짐을 백성들에게 보여 주는"(「응동」應同, 『여씨춘추』) 것처럼 왕이 죽기 직전에도 예사롭지 않은 조짐들이 몰아친다. 지금의 우리는 믿지 않는 하늘의 예시와 조짐을 삼국시대와 고려시대에는 적어도 사실로서 인지했던 것이다. 우리가 역사의 영역에 넣지 않고 소설이나 야사의 영역에 넣는 사건이 『삼국사기』에서는 역사적인 사실로 비중 있게 다뤄진다.

왕명	「신라 본기」의 기사 내용
혁거세거서간	60년 가을 9월에 용 두 마리가 금성 우물 속에 나타났다. 우레와 비가 심하고 성의 남문에 벼락이 쳤다. 61년 봄 3월에 거서간이 죽었다. 사릉에 장사하니 사릉은 담암사 북쪽에 있다.
남해차차웅	11년 낙랑이 우리나라의 속이 비었다 하여 금성을 급하게 몰아쳐 왔다. 밤에 유성이 적의 진영에 떨어지매 적병들이 무서워 물러가다가 알천가에 머물면서 돌무더기 20개를 쌓아 놓고 갔다. 20년 가을에 금성이 태미성좌에 들어갔다. 21년 가을 9월에 누리가 생겼다. 왕이 죽었다. 사릉원 안에 장사하였다.
유리이사금	31년 봄 2월에 자미성좌에 혜성이 나타났다. 33년 여름 4월에 금성 우물에서 용이 나타나고 좀 있다가 소나기가 서북으로부터 몰려왔다. 5월에 큰 바람이 불어 나무가 뽑혔다. 34년 가을 9월에 왕이 병이 들었다. 겨울 10월에 왕이 죽었다.
탈해이사금	24년 여름 4월에 서울에 큰 바람이 불었으며 금성의 동문이 저절로 무너졌다. 가을 8월에 왕이 죽었다.
파사이사금	32년 여름 4월에 성문이 절로 무너졌다. 5월부터 가을 7월까지 비가 내리지 않았다. 33년 겨울 10월에 왕이 죽었다.
일성이사금	20년 겨울 10월에 궁궐 대문이 불탔다. 혜성이 동쪽에 나타나고 또 동북쪽에 나타났다. 21년 봄 2월에 왕이 죽었다.
내해이사금	34년 여름 4월에 뱀이 남쪽 고방에서 사흘 동안 울었고 가을 9월에는 지진이 있었으며 겨울 10월에는 눈이 크게 내려 다섯 자나 되었다. 35년 봄 3월에 왕이 죽었다.
눌지마립간	42년 봄 2월에 지진이 있었고, 금성 남문이 저절로 무너졌다. 가을 8월에 왕이 죽었다.

진평왕	53년 가을 7월에 흰 무지개가 대궐 우물에 박히고 토성이 달을 범했다. 54년 봄 정월에 왕이 죽었다.
소성왕	2년 여름 4월 폭풍이 불어 나무가 꺾이고 기와가 날아갔다. 서란전에 쳤던 발이 날아가 어디로 갔는지 알 수 없고 임해·인화 두문이 무너졌다. 6월 왕이 죽었다.

　　천재지변과 왕의 죽음이 관련된 기사들이다. 열거된 기사들에는 공통점이 있다. 전혀 관련이 없어 보이는 이 두 사건이 매우 조직적으로 연결되어 있다는 점이다. 왕의 죽음이 있기 직전 천지자연의 교란이 출현한다. 이것이 구조적으로 반복되고 있다는 점에서 김부식 혹은 「신라 본기」 편찬자들은 자연재해의 사건과 왕의 죽음이라는 사건이 인과관계로 얽혀 있음을 자명하게 인식했음에 틀림없다.

　　왕은 하늘이 내린다. 그를 거둬가는 것도 하늘이다. 왕의 운명은 하늘의 의지가 작동하는 것처럼 보인다. 왕이 될 자격은 아무나 갖추는 것이 아니다. 왕으로 등극할 때는 상서로운 조짐이 내려지지만, 왕의 죽음은 상서롭지 않은 조짐으로 나타난다. 죽음은 하늘도 좋아하는 일이 아니다. 죽음의 기운은 천지의 질서도 불안정하게 만든다. 왕의 죽음도 하늘이 예시한다는 믿음은 「신라 본기」 대부분에서 발견된다. 특기할 만한 점은, 고구려와 백제는 왕의 죽음에 관심을 두지 않았다는 사실이다. 신라는 왕의 죽음을 하늘이 미리 알려준다고 믿었다. 왕의 죽음은 인간들에게 혼란을 야기한다고 여겼기 때문이다. 그러니 하늘은 궤도를 이탈하는 혼란으로서 인간들에게 미리 보여 준 것이다. 이런 사고방식은 왕의 권위를 무한대로 증폭시킨다.

천재지변과 반란과 국망(國亡)

선택받은 자라는 점에서 왕은 특별하지만 왕이라고 해서 무소불위의 권력을 휘두를 수는 없다. 천명天命에 의해 왕이 된 자는 천도天道를 수행해야 한다. 천도를 행하지 않으면 하늘은 그에게 재앙을 내린다. 왕이 빨리 개혁할 줄 모르면 재앙은 극단적인 사태로 치닫는다. 재앙의 극치는 모반이거나 나라의 쇠망이다. 반란과 국망의 책임은 늘 왕에게 있다. 사악한 정치로 천도를 흔들고 민심을 흔들었기 때문이다. 사치와 향락에 빠져 민심을 살피지 않는 등 정사에 게을렀기 때문이다. 이런 왕에게는 하늘의 견책이 내려지는데, 하늘이 말을 할 수 없기 때문에 천재로서 예고하는 것이다. 선택된 자이기에 책임이 무겁다. 반란과 역모는 자신으로부터 온다. 신하들이 참람해서, 즉 외부에서 오는 것이 아니다. 반란이 일어나기 전, 나라가 망하기 전, 이상한 조짐들이 밀려온다.

왕명(국가)	기사 내용
유리이사금 (신라)	11년 서울에서 땅이 갈라지고 샘이 솟았고 여름 6월에 큰 물이 났다. 13년 가을 8월에 낙랑이 북쪽 변경을 침범하여 타산성을 함락시켰다.
파사이사금 (신라)	25년 봄 정월에 뭇별이 비오듯 떨어졌으나 땅에는 미치지 않았다. 가을 7월에 음즙벌국 실직이 배반하매 군사를 내어 토벌·평정하고 그 남은 무리를 남쪽 변경으로 옮겼다.
지마이사금 (신라)	11년 여름 4월에 큰바람이 동쪽으로부터 불어와 나무를 꺾고 기왓장을 날리다가 저녁이 되어 바람이 그쳤다. 서울 사람들이 왜병이 크게 몰려온다는 뜬소문을 내어 저마다 먼저 산골로 도망치므로 왕이 이찬 익종 등을 시켜 그들을 타일러 말렸다.
진평왕 (신라)	53년 봄 2월에 흰 개가 대궐 담장 위에 올랐다. 여름 5월에 이찬 칠숙이 아찬 석품과 반역을 도모하는 것을 왕이 알아채고 칠숙을 잡아 동쪽 저자에서 목을 베고 아울러 그의 구족을 잡아 죽였다.
신문왕 (신라)	4년 겨울 10월에 저녁부터 날 샐 녘까지 유성이 어지럽게 떨어졌다. 11월에 안승의 조카뻘 되는 장군 대문이 금마저에서 반역을 도모하다가 일찍 발각되어 사형을 받았다. 남은 사람들이 대문이 사형당해 죽는 것을 보고 관리들을 죽이고 읍을 차지하고 반역하므로 왕이 장병들을 시켜 이를 토벌하는데, 맞아 싸우던 당주 핍실이 여기서 죽었다.
효소왕 (신라)	8년 봄 2월에 흰 기운이 하늘에 뻗치고 혜성이 동쪽에 나타났다. 사신을 당나라에 보내 토산물을 바쳤다. 가을 7월에 동해의 물이 핏빛으로 변했다가 닷새 만에 회복되었다. 9월에 동해의 물이 서로 맞부딪쳐 그 소리가 서울에까지 들렸고 병기고 속에서는 북과 나팔이 저절로 소리를 냈다. 9년 여름 5월에 이찬 경영이 반역을 도모하다가 사형받고 중신 순원이 연좌되어 파면되었다.

	10년 봄 2월, 혜성이 달에 들어갔다. 여름 5월에 영암군 태수 일길찬 제일이 공사를 저버리고 사익을 취하므로 곤장 1백 대를 때려 섬으로 귀양보냈다.
효성왕 (신라)	2년 여름 4월에 흰무지개가 해를 꿰고 소부리군의 강물이 핏빛으로 변하였다. 3년 가을 9월에 완산주에서 흰 까치를 바쳤다. 여우가 월성 궁중에서 우는 것을 개가 물어 죽였다. 4년 여름 5월에 토성이 헌원성좌의 큰 별을 범하였다. 가을 7월에 붉은 옷을 입은 웬 여자 한 명이 예교 다리 밑으로부터 나와 조정의 정사를 비방하고 효신공의 대문을 지나더니 갑자기 보이지 않았다. 8월에 파진찬 영종이 반역을 도모하다 사형을 당하였다. 이보다 앞서 영종의 딸이 왕의 첩으로 들어와 왕이 그를 몹시 사랑하여 은총이 날로 더하더니 왕비가 질투하여 친족과 함께 그를 죽이고자 공모하였던바 영종이 왕비와 그 친족들에게 원한을 가졌으므로 반역한 것이다.
혜공왕 (신라)	2년 정월에 해가 둘이 돋았다. 죄수들을 크게 사면했다. 2월에 왕이 신구에 친히 제사지냈다. 양리공의 집 암소가 송아지를 낳았는데 다리가 다섯이요, 다리 하나는 위로 향했다. 강주에서 땅이 꺼져 못이 되었는데 깊이와 너비가 50여 척이나 되었고 물빛은 검푸르다. 겨울 10월에 하늘에서 소리가 났는데 북소리 같았다. 3년 여름 6월에 지진이 있었다. 가을 7월에 별 세 개가 대궐 뜰에 떨어져서 서로 맞부딪쳤는데 빛이 불빛같이 날아 흩어졌다. 4년 봄에 혜성이 동북쪽에 나타났다. 6월 서울서 천둥이 치고 우박이 내려 초목이 상하였다. 큰 별이 황룡사 남쪽에 떨어졌다. 지진이 있었는데 소리가 천둥소리 같았고 우물이나 샘이 다 말랐다. 범이 대궐 안으로 들어왔다. 가을 7월에 일길찬 대공이 그의 아우인 아찬 대렴과 함께 반란을 일으켜 무리를 지어 33일간 왕궁을 에워쌌더니 왕의 군사가 이를 토벌하여 평정하고 구족을 다 죽였다. 15년 봄 3월에 서울에 지진이 있어 민가가 무너지고 죽은 자가 1백여 인이나 되었으며 금성이 달에 들어갔다.

16년 봄 정월에 누른 안개가 끼었고 2월에는 흙비가 내렸다.

왕이 어렸을 때 왕위에 올라 장성하자 오락에 빠져 나돌아 다니며, 노는 데 절제가 없고 강기가 문란하매 재변이 자주 일어나고 인심이 이탈하여 국가가 위태롭게 되었더니 이찬 지정이 반란을 일으켜 무리를 모아 대궐을 침범하여 에워쌌다.

여름 4월에 상대등 김양상이 이찬 경신과 함께 군사를 일으켜 지정 등을 죽였는데 왕과 왕비는 난리통에 군사들에게 살해되었다.

**혜공왕 2년 정미(767) 천구성이 동루 남쪽에 떨어졌는데 머리는 항아리만 하고 꼬리는 3자나 되었다. 빛깔은 타는 불꽃 같았는데 천지가 진동했다. 또 이 해에 금포현의 논 5경에서 쌀낟이 이삭을 이뤘다.

이해 7월에는 북궁 뜨락에 두 별이 먼저 떨어지고, 또 한 별이 떨어졌다. 세 별이 모두 땅 속으로 들어갔다. 이에 앞서 대궐 북쪽 뒷간 속에서 연꽃 두 줄기가 났고 봉성사 밭에도 연꽃이 났다. 호랑이가 금성에 들어왔는데 뒤를 쫓아갔지만 잡지 못했다. 각간 대공의 집 배나무 위에 참새가 수없이 모였다. 『안국병법』(安國兵法) 하권을 살펴보면 천하에 큰 병란이 일어난다고 했다. 그래서 죄인을 크게 놓아주고 왕이 자숙하며 반성했다. 7월 3일 각간 대공이 반란을 일으켜 왕도와 5도 주군의 96각간들이 서로 싸워 크게 어지러워졌다. 난리가 석 달이 지난 뒤에야 그쳤다. 상을 받은 자도 아주 많았지만 죽음을 당한 자도 헤아릴 수 없었다. 나라가 위태롭다던 표훈대덕의 말이 바로 이것이었다. ('혜공왕', 「기이」, 『삼국유사』)

애장왕 (신라)	10년 봄 정월 달이 필성성좌를 범하였다. 여름 6월에 서형산성 소금 창고가 울렸는데 소 우는 소리와 같았으며 벽사에서 왕머구리가 뱀을 잡아먹었다. 가을 7월에 왕의 숙부 언승이 그의 아우인 이찬 제옹과 함께 군사를 거느리고 대궐을 들어가 반란을 일으켜 왕을 죽였다. 왕의 아우 체명이 왕을 시위하고 있다가 동시에 살해되었다.

고국천왕 (고구려)	4년 봄 3월 갑인일 밤에 붉은 기운이 태미 성좌에 관통되었는데, 그 형상이 뱀과 같았다. 가을 7월에 혜성이 태미성좌에 나타났다. 6년 한나라 요동태수가 군사를 일으켜 우리나라를 공격하였다. 왕이 왕자 계수를 보내 치게 했다. 이기지 못하매 왕이 친히 정예한 기병을 거느리고 가서 좌원(坐原)에서 싸워 그들을 쳐부수고 적군의 머리를 벤 것이 산더미처럼 되었다. 8년 여름 4월 을묘에 형혹성이 심성성좌에 머물렀고 5월 그믐날 임진에는 일식이 있었다. 12년 가을 9월에 서울에 눈이 여섯 자나 내렸다. 중외대부 패자 어비류와 평자 좌가려는 모두 왕후의 친척으로서 나라의 권력을 틀어잡고 있음에 그 자제들이 모두 그 세도를 믿어 교만하고 사치하고 남의 자녀들을 약탈하고 남의 토지와 주택을 빼앗으니 나라 사람들이 원망하고 분개했다. 왕이 이 말을 듣고 분개하여 그들을 죽이려 하였더니 좌가려 등이 네 연나와 함께 반역을 획책하였다. 13년 여름 4월에 좌가려가 군사를 모아가지고 서울 침공하니 왕이 서울지방의 군사와 마필을 징발하여 그들을 진압하였다. 을파소를 초빙하여 우태(于台)로 삼았다.
보장왕 (고구려)	15년 여름 5월 서울에 쇠토막이 비처럼 떨어졌다. 19년 가을 7월에 평양 강물이 3일 동안이나 핏빛과 같았다. 27년 여름 4월에 필성과 묘성 사이에 나타났다. 당나라 허경종이 말했다. "혜성이 동북방에 나타나는 것은 고구려가 장차 멸망할 징조이다."

온조왕 (백제)	25년 봄 2월에 왕궁의 우물에서 물이 갑자기 넘쳤다. 한성의 인가에서 말이 소를 낳았는데, 머리는 하나요 몸뚱이는 둘이었다. 점치는 자가 말하였다. "우물물이 갑자기 넘치는 것은 대왕께서 융성할 징조이며 소가 머리 하나에 몸뚱이가 둘인 것은 대왕께서 이웃 나라를 병합할 암시입니다." 왕이 이 말을 듣고 기뻐하여 드디어 진한과 마한을 병탄할 생각을 두게 되었다.
비류왕 (백제)	13년 봄, 날이 가물었고 큰 별이 서쪽으로 흘러 떨어졌다. 여름 4월에 서울의 우물에 물이 넘치고 그 속에 검은 용이 나타났다. 22년 겨울 10월에 하늘에서 소리가 들렸는데 마치 바람결에 서로 부딪치는 파도소리와 같았다. 24년 가을 7월에 붉은 까마귀와 같은 구름이 양편에 해를 끼웠었다. 9월에 내신좌평 우복이 북한성에 웅거하여 반역하므로 왕이 군사를 내어 이를 토벌하였다.
의자왕 (백제)	15년 여름 5월에 붉은 말이 북악 오함사에 들어와서 불당을 돌면서 울다가 수일 뒤에 죽었다. 19년 봄 2월 여우떼가 궁중에 들어왔는데 흰여우 한 마리가 상좌평의 책상에 올라앉았다. 5월 서울 서남쪽 사비하에 큰 고기가 나와 죽었는데 길이가 세 발이었다. 9월에 대궐뜰에 서 있던 홰나무가 사람의 곡소리와 같이 울었으며 밤에는 대궐 남쪽 한길에서 귀곡성이 있었다. 20년 봄 2월에 서울의 우물물이 핏빛으로 되었다. 서해가에 조그마한 물고기들이 나와 죽었는데 백성들이 다 먹을 수 없이 많았다. 사비하의 물이 핏빛과 같이 붉었다. 여름 4월 왕머구리 수만 마리가 나무 꼭대기에 모였다. 서울사람들이 까닭도 없이 누가 잡으러 오는 듯이 놀라 달아나다가 쓰러져 죽은 자가 1백 여 명이나 되고 재물을 잃어버린 것은 계산할 수도 없었다.

『삼국사기』역사 기술의 특이한 면모를 보여 주기 위해 앞에서와 같이 관련 기사들을 표로 정리했다. 표의 기사들은 김부식이 천재지변의 조짐을 얼마나 중시했는지를 알게 해준다. 그리고 실로 하늘의 기운을 얼마나 주시했는지도 짐작할 수 있다. 국왕의 죽음과 마찬가지로 반란이 일어나기 전, 나라가 망하기 전, 예외 없이 하늘은 조짐을 보여 준다는 사실을 『삼국사기』의 기사들은 면면히 드러내고 있다. 아니 철석같이 믿음으로써 사실임을 설파하고 있다. 삼라만상 우주의 기운은 서로 연동하고 있기 때문에 우주의 일원으로 살고 있는, 그것도 지상의 만물 중 가장 영험한 인간이 우주의 기운에 지대한 영향을 미치는 것은, 김부식에게 당연지사였다.

우리들의 역사인식에 의거할 때, 이렇게 배치된 사건 기술은 분명 허탄하고 황탄하게 여겨질 것이다. 김부식 스스로가 그토록 배격했던 허탄과 황탄의 경계를 가볍게 넘어서고 있는 것이다. 그러나 전국시대 『여씨춘추』를 편찬한 여불위, 한나라 때 『춘추번로』를 저술한 동중서의 입장에 설 때, 『삼국사기』의 천재지변의 조짐과 정치·사회적 사건의 상호연관성은 전혀 반-역사적인 것이 아니라 매우 역사적인 기술이었다는 것이다.

음양오행을 중시하는 사상가들에게 정치를 바로잡고 왕을 바로잡는 중요한 척도의 하나가 천지자연의 행로였다. 무소불위의 왕을 제어할 수 있는 존재로 왕을 내려 준 '하늘' 이외에 더 강력한 존재는 있을 수 없었다. 천지자연의 질서는 곧 천심의 반영이다.

하여, 천지자연의 움직임은 왕의 행위를 경계할 수 있는 절대적인 척도였던 것이다. 그러므로 김부식이 보여 준 바, 천재지변과 반란 혹은 국망의 인과관계는 괴력난신의 허황한 역사도 아니요, 미신에 입각하여 역사를 신비화하는 행위도 아니었던 것이다. 사실事實과 사실事實의 연결고리는 해석이자 신념의 문제였지만, 적어도 김부식과 삼국시대 사람들에게는 사실이었던 것이다.

허구도 진실의 부산물이라고 보는 폴 벤느의 말을 빌려, 해석도 사실의 부산물이라고 말해야 할 듯하다. 역사는 해석이다. 직관에 의해 사실事實과 사실事實을 연결시키는 방식, 이것 자체도 김부식에게는 사실史實이다. 그리하여 이들은 천지운행의 궤도를 더 열심히 관찰하고, 그것을 세밀하게 분류했으며, 그것으로 인간의 행위를 더 면밀하게 성찰하고 다듬었던 것이다. 적어도 하늘의 조짐들은 있었던 사실事實이다. 그것을 하늘의 마음이자 견책으로 읽는 것은, 김부식 시대의 에피스테메 안에서는 적어도 진실이자, 사실史實인 것이다.

12. 천인감응의 역사

우주라는 물리적 환경과 인간 사이에는 동시에 상호작용하는 감응력이 있다고 보았기 때문에, 저 상고시대에서 우주의 움직임과 인간의 행위 사이에서 일어나는 어떤 패턴을 주목하고 이를 체계화했던 것이다. 이런 원리를 정리한 것은 한나라 때 이후로, 동중서의 『춘추번로』, 『한서』의 「천문지」와 「오행지」에서 논리화하였고, 당나라 고종 때는 『천지서상지』天地瑞祥志가 편찬되어 여러 문헌에 기술된 천지 변화의 길흉화복을 총괄하였다.

　별자리가 떨어져 있는지, 붙어 있는지, 침범하는지 등을 관찰하여 전쟁이 일어날지, 전쟁에서 승리하거나 패배할지, 반란이 일어날지 등을 예견했다. 붉은 기운이 불빛같이 나타나는 것은 신하가 군주를 배반할 징조이고, 금성과 토성과 화성이 궤도를 잃으면 전쟁이 나거나 국상이 있을 징조이며, 성운이 비와 같이 쏟아지면 인민들이 반란을 일으켜 아래로는 토벌이 있으며 대인의 근심이 될 징조라는 식으로 별자리의 여러 현상을 인간사에 대응하는 징표로서 파악했던 것이다. 또한 "군주가 도를 생각하지 않으면, 그 화는 불이 궁을 태우는 것으로 나타난다"는 식으로, 군주의 생활과 몸가짐이 정도가 지나칠 때 불이 나거나 가뭄이 든다고 보는 식이다. 구체적인 일이 있고, 뒤에 재이현상이 출현하는 그 양상을 정리함으로써, 군주나 신하들에게 행동을 삼가고 몸을 닦아 정도를 행할 것을 촉구하는 것이다. 인간이 대우주의 움직임과 감응한다는 사고는 삼국시대 역사가들이나 김부식에게서만 나온 고유의 것은 아니다. 한나라 때의 역사철학자 동중서로부터 정리된 천인감응설의 영향을 받았음에 틀림없다. 그런데 이 천인감응설은 삼국시대 사람들의 세계인식에 영향을 주었을 뿐만 아니라 고려 예종, 인종 연간의 지식인들에게도 보편적으로 공유되는 사유 방식이었다. 사실 천인감응설은 고려 때만이 아니라 조선시대에 이르기까지 통치자들의 행위를 돌아보고 수신하게 하는 강력한 기제로써 작용했다.

김부식은 자연현상을 과거의 중대한 사건으로만 다룬 것이 아니었다. 자기 시대의 도 치란과 통치자의 몸가짐을 반영하는 근본 원리로 해석했다. 김부식은 인종 12년 왕이 묘청의 말을 듣고 서경으로 가서 재난을 피하고자 하니 재이설로써 만류했다. "금년 여름에 서경 대화궁에 30여 개 소나 벼락불이 떨어졌으니 만약 그곳이 길한 땅이라면 하늘이 반드시 이렇게 할 리가 없을 터인데 그런 곳으로 재난을 피하러 간다는 것은 잘못이 아닙니까? 하물며 서경 지방은 추수가 아직 끝나지 않았는데 만일 거둥하신다면 반드시 농작물을 짓밟을 것이니 이것은 백성을 사랑하고 아끼는 본의가 아닙니다"라고 말한다. 하늘과 백성들의 마음을 읽으라는 것이다.

또한 왕 스스로도 천인감응설에 입각하여 신하들을 견책했다. 인종은 황충풀무치. 메뚜기의 일종이 심할 때에 다음과 같은 조서를 내렸다. "간관의 말에 의하면 경기 지방의 산야에 황충이 솔잎을 먹는다고 하니 이는 아마도 국내에 간사한 사람이 많고 정부에 충성스러운 신하가 없기 때문인 듯하다. 그리하여 마치 하늘이 경고하기를 '벼슬자리에 앉아서 봉록만 먹고 공로가 없으면 벌레와 다름없으니 이를 시정하지 않으면 난리가 일어날 것이요, 행실이 바른 사람을 선발하여 높은 자리에 앉히면 재앙이 없어질 수 있다' 하였고, 옛날 사람이 말하기를 '신하가 하는 일 없이 봉록만 타는 것을 탐욕이라 하나니 그에 따르는 재앙으로서 벌레가 뿌리를 먹으며, 일정한 덕이 없는 것을 번잡하다고 하나니 그에 따르는 재앙으로서 벌레가 잎사귀를 먹으며, 덕이 없는 자를 쫓아 내지 않으면 벌레가 밑둥을 먹으며, 농사일을 방해하면 벌레가 줄기를 먹으며, 악한 일을 엄폐하고 죄를 지으면 벌레가 속을 먹는다고 하였다' 한 것이다.(「고려사」, 「세가」, 인종 11년, 5월 을축일) 신하들의 게으름과 부덕과 탐욕이 황충을 불러온다는 것이다.

고려시대 왕과 신하들은 재해를 통해 서로를 견책했다. 재해를 의미화하는 진정한 이유는 왕과 신하가 서로에게 책임을 전가

하기 위해서가 아니다. 자신을 돌아보고 단속할 수 있는 조짐으로 작용되기를 바라서였다.

하늘의 의지는 현실화되는가

인간이 이상한 기운을 쓰면 천지자연의 기운도 이상해진다. 사악한 기운이 천지의 기운을 포악하게 만들면 하늘은 반드시 그에 상응하는 조짐을 보여 준다. 하늘이 이상한 조짐을 보여 주면 반란이나 전쟁이 일어나고, 국가는 멸망한다. 이것은 당연한 수순이었다. 이런 인과가 비껴가지 않기 때문에 김부식은 이것을 어떤 역사적 사건 못지않게 촘촘하게 기술했던 것이다. 그렇지만 모든 원인에 예정된 결과가 뒤따르는 것은 아니다.

모든 사건은 그런 점에서 예상 밖의 반전을 잠재적으로 가지고 있다. 그래서 천문역관들이 그토록 세심하게 하늘을 관찰했던 것이 아닐까? 역설적으로 조짐을 관찰하고 그 조짐이 불러올 사건을 예견하는 주된 목적은 그 조짐이 사라질 수 있는 행동을 촉구하는 데 있기 때문이리라.

따라서 『삼국사기』에는 천재지변에 이어 실제 전쟁이나 반란이 일어나기도 하고 일어나지 않기도 한 사건들이 기술된다. 하늘의 의지는 현실화되기도 하고, 그저 예시에 불과하기도 하다. 그것은 온전히 사람의 몫이다. 『삼국사기』가 궁극적으로 하고 싶은 이야기는 신비롭게 출현하는 하늘의 뜻이 아니다. 결국 인간의 역사이다. 그래서 인간에 주목한다. 하늘을 불길하게 만들기도 하고, 그 불길함을 바꾸기도 하는 인간의 의지를 보여 주고자 하는 것이다. 하늘의 뜻을 외면한 자는 재앙을 맞고, 하늘의 뜻을 제대로 읽은 자는 천재지변을 행위의 거울이자 기회로 삼는다.

그러니 이 시대 통치자는 일단 하늘의 뜻을 잘 읽어내야 한다. 그래서 신라 탈해이사금의 아들인 구추仇鄒 각간角干의 아들, 벌휴이사금伐休尼師今 재위 184~196은 "바람과 구름을 점쳐서 수재와 한재와 시절의 흉풍을 미리 알고 또 사람의 정직하고 부정직한 것을 알아맞히므로 사람들이 성인이라" 불렀다. 하늘과 사람을 알아보는 이를 성인이라 한 것이다. 이렇다면 문제될 것이 없다.

그러나 통치자들은 천재지변을 제대로 읽지 않는다. 그 때문에 충신들은 천재지변이 일어났을 때는 허물을 고치고 갱신해야 한다고 알려준다. 하늘은 근신하고 열심히 덕행을 베푸는 자에게는 화를 내리지 않는다.

경덕왕(신라)

15년 봄 2월에 김사인이 근년에 천재지변이 자주 나타나는 것을 이유로 왕에게 상소하여 시국정치의 잘잘못을 극론했던바, 왕이 이를 가상히 여겨 받아들였다.

22년 가을 7월에 서울에 큰바람이 불어 기와를 날리고 나무를 뽑았다. 8월에 복숭아와 자두나무 꽃이 두번째 피었다. 상대등

신충과 시중 김옹이 퇴직하였다. 대나마 이순이 왕이 총애하는 신하가 되었더니 갑자기 하루아침에 세상을 피하여 산으로 들어갔으므로 여러 번 불렀으나 나오지 아니하고 머리를 깎고 중이 되어 왕을 위하여 단속사를 세우고 거기에서 살았다.

그 뒤에 왕이 풍악을 즐긴다는 말을 듣고 즉시 대궐문으로 찾아 들어가 왕에게 간하여 아뢰었다. "제가 든자옵건대 옛날에 걸주가 주색에 빠져 음탕한 오락을 그칠 줄 몰랐습니다. 이로 말미암아 정치가 결단이 나고 국가가 망하였사온바 앞에 가는 수레바퀴가 엎어지면 뒤 수레는 마땅히 경계를 하여야 될 것입니다. 공손히 바라옵건대 대왕은 허물을 고치고 자신을 갱신하여 국가의 수명을 길도록 하소서." 왕이 이 말을 듣고 감탄하여 풍악을 정지하고 그를 큰 방으로 끌어들여 그가 말한 오묘한 도와 나라를 다스리는 방법을 며칠 동안 듣다가 그쳤다.(「경덕왕조」, 「신라 본기」, 「삼국사기」)

경덕왕景德王, 재위 742~765 때에 천재지변이 자주 일어났다. 분명 왕의 덕화가 일어나지 못했음에 틀림없다. 천지만물이 계절에 맞추어 자연스럽게 흐르지 않는다. 충신도 중이 되어 절로 들어가 버렸다. 경덕왕의 통치가 순조롭지 않다는 증거이다. 풍악을 즐긴다는 말로 보아, 경덕왕은 황음荒淫하고 사치했으리라 해석된다. 이럴 때 천재지변이 일어난 것이다. 왕은 충신의 간언을 받아들여 자신의 잘못을 살피고 근신했던 것이다. 하늘은 천재지변으로 왕의 잘못을 온 천하에 밝게 드러낸다. 이럴 때 왕이 할 일은 딱 하나. 자신의 잘못을 해와 달처럼 밝게 알리는 것이다. 그래야 하늘도 마음을 돌린다. 그러나 천재지변의 난리에도 삼가지 않고 하늘의 조짐을 자기 좋을 대로 해석하는 인간에게는 반드시 재앙을 내린다.

의자왕(백제)

20년 5월에 갑자기 바람이 불고 비가 내리면서 천왕사, 도양사 두 절의 탑에 벼락을 쳤으며 또 백석사 강당에 벼락을 치고 동쪽 서쪽에는 용과 같은 검은 구름이 공중에서 서로 부딪쳤다.

6월 왕흥사의 여러 중들이 모두 배 돛대와 같은 것이 큰 물을 따라 절문간으로 오는 것을 보았다. 들사슴과 같은 웬 개 한 마리가 서쪽으로부터 사비하 언덕에 와서 왕궁을 향해 짖더니 잠깐 사이에 간 곳을 알 수 없었으며 서울에 있는 뭇 개가 노상에 모여서 혹은 짖고 혹은 곡을 하더니 얼마 뒤에 곧 흩어졌다. 웬 귀신이 대궐 안에 들어와서 '백제가 망한다. 백제가 망한다'고 크게 외치다가 땅속으로 들어가매 왕이 이상하게 생각하여 사람을 시켜 땅을 파게 했더니 석 자가량 되는 깊이에서 웬 거북이 한 마리가 발견되었는데 그 등에 '백제는 달과 같이 둥글고 신라는 달과 같이 새롭다'는 문자가 있었다. 왕이 무당에게 물으니 무당이 말하기를 "달과 같이 둥글다는 것은 가득 찬 것이니 가득차면 기울며 달과 같이 새롭다는 것은 가득 차지 못한 것이니 가득 차지 못하면 점점 차게 된다" 하였다. 왕이 성을 내어 그를 죽여 버렸다.

어떤 자가 말하기를 "달과 같이 둥글다는 것은 왕성하다는 뜻이 요, 달과 같이 새롭다는 것은 미약한 것이니 생각건대 우리나라 는 왕성해지고 신라는 차츰 쇠약하여 간다는 것인가 합니다" 하 니 왕이 기뻐했다.('의자왕조', 「백제 본기」, 「삼국사기」)

차대왕(고구려)

3년 가을 7월에 왕이 평유원에서 사냥을 하다가 흰 여우가 따라 오면서 우는 것을 쏘아서 맞추지 못하였다. 왕이 스승 무당에게 물으니 무당이 말했다.

"여우란 것은 요사스러운 짐승이요 상서로운 것이 아닌데 더군 다나 그 빛깔이 희니 더욱 괴이합니다. 그러나 하늘이 말씀으로 자세히 일러줄 수 없기 때문에 요괴한 것을 보여 주는 것은 임 금으로 하여금 조심하고 반성함으로써 자기 갱신을 하게 하려 는 것입니다. 만일 임금이 덕을 닦게 되면 화가 복으로 될 수 있 습니다."

왕이 말했다.

"흉하면 흉하다고 하고 길하면 길하다 할 것이지. 네가 이미 요 사스러운 것이라 하고, 또다시 복이 된다고 하니 왜 나를 속이 느냐?" 하고 드디어 그를 죽여 버렸다.

4년 여름 5월에 5성수화금목토로 배합되는 진성(辰星), 형혹성(熒惑星: 화성), 태백성(太白星: 금성), 세성(歲星: 목성), 전성(塡星: 토성)이 동쪽에 모였다. 천기를 보는 관원이 왕이 노할까 두려워서 왕을 속여 말하기를 '이 것은 임금의 덕이요, 나라의 복입니다' 하니 왕이 기뻐하였다.

겨울 12월, 물이 얼지 않았다.

8년 여름 6월 서리가 내리고, 겨울 12월 우레와 지진이 있었으며 그믐날에 객성이 달을 범했다.

13년 봄 2월에 혜성이 북두성좌에 나타났고 여름 5월 그믐날 갑술에 일식이 있었다.

20년 봄 정월 그믐날에 일식이 있었다.

겨울 10월에 연나조의 명림답부가 백성들이 참을 수 없었기 때문에 왕을 죽였다.('차대왕조', 「고구려 본기」 「삼국사기」)

원성왕(신라)

선덕이 죽자 아들이 없으매 여러 신하들이 의논한 뒤 왕의 족질 주원을 왕으로 세우려 하였다. 이때에 주원이 서울서 북쪽으로 20리 되는 곳에서 살았던바, 때마침 큰비로 알천의 물이 불어서 주원이 건너지 못하였다. 누가 말하기를 "임금의 지위란 본시 사람이 도모할 수 없는 것이니 오늘의 폭우는 하늘이 혹시 주원을 왕으로 세우려 하지 않는 것이 아닐까? 지금의 상대등 경신은 앞서 임금의 아우로 본디부터 덕망이 높아 임금의 체통을 가졌다" 하니 이에 여러 사람들의 의논이 단번에 일치되어 그를 세워 왕위를 계승하게 하였다. 얼마 뒤 비가 그치니 나라 사람들이 모두 만세를 불렀다.('원성왕조', 「신라 본기」 「삼국사기」)

아찬 김주원金周元이 처음 재상이 되었을 때 원성왕은 각간이 되어 재상 다음 자리에 있었다. 어느 날 꿈에 복두幞頭를 벗고 흰 갓을 썼는데, 열두 줄 가야금을 들고 천관사 우물 속으로 들어갔다. 꿈을 깬 뒤에 사람을 시켜 점치게 했더니 이렇게 말했다.

"복두를 벗는 것은 벼슬을 잃을 조짐이고, 가야금을 든 것은 칼을 쓸 조짐이요, 우물 속에 들어간 것은 감옥에 들어갈 조짐입니다."

왕이 그 말을 듣고 몹시 걱정하여 문을 닫아걸고 나가지 않았다. 그러자 아찬 여삼餘三이 와서 뵙기를 청했다. 왕이 병을 핑계로 나오지 않자 다시 청했다.

"원컨대 한 번만 뵙게 해주십시오."

왕이 허락하자 아찬이 말했다.

"공께서 꺼리는 일이 무엇입니까?"

왕이 꿈 이야기와 점쳤던 이야기를 모두 말했더니 아찬이 일어나 절하고 말했다.

"이것은 참으로 상서로운 꿈입니다. 공께서 만약 큰 자리에 올라 저를 버리지 않으신다면 공을 위해 해몽해 드리겠습니다."

왕이 곧 좌우를 물리치고 해몽해 달라고 했다. 아찬이 말했다.

"복두를 벗은 것은 공보다 더 높은 사람이 없음을 말하고, 흰 갓을 쓴 것은 면류관을 쓸 조짐입니다. 열두 줄 가야금을 든 것은 12세손이 왕위를 이어받을 조짐이고, 천관사 우물 속으로 들어간 것은 대궐로 들어갈 상서로운 조짐입니다."

왕이 말했다.

"내 위에 김주원이 있으니 내 어찌 그보다 윗자리에 오르겠소?"

아찬이 말했다.

"남몰래 북천신에게 제사 지내는 것이 좋겠습니다."

왕이 그 말대로 했다. 얼마 안 되어 선덕왕이 죽자 나라 사람들이 김주원을 받들어 왕으로 삼으려고 대궐로 맞아들이려 했다. 그의 집은 냇물 북쪽에 있었는데 갑자기 냇물이 불어서 건너지 못했다. 그러자 원성왕이 먼저 궁에 들어가 즉위했다. 재상김주원의 무리도 모두 와서 붙으며 새로 등극한 왕께 절하고 축하했다. 이이가 바로 원성대왕이다. 휘는 경신敬信이고, 성은 김씨이다. 좋은 꿈이 들어맞은 것이다.('원성대왕', 「기이」, 『삼국유사』)

백제의 의자왕은 흉조를 길조로 해석하여 나라를 멸망의 길로 이끌었다. 고구려의 차대왕은 하늘의 뜻을 무시해서 신하에게 살해당했다. 신라의 원성왕은 길조를 제대로 읽어 내고 왕으로 등극했다. 하늘은 원성왕을 도우사 김주원이 나올 수 없도록 폭우까지 내려 주셨다. 정말 하늘의 뜻이 관철된 것인가? 천문의 조짐이 실제 흉조인지 길조인지를 증명하는 것은 크게 중요하지 않을 수 있다. 그 뜻을 읽고 어떻게 행동했는가가 중요할 뿐이다. 하늘이 재이를 내보여 견책할 때 그것을 두려워하지 않으면 더 큰 재앙이 따른다. 『여씨춘추』에서 "하늘의 상서로운 조짐을 보고도 선을 행하지 않으면 복이 오지 않고, 요상스런 조짐을 보고도 선을 행한다면 화는 미치지 않는다"고 한 말이 바로 이 뜻이다. 흉조라도 나를 닦고, 길조라도 나를 닦아야 한다.

닦는다는 것은 뭘까? 세상을 제대로 읽고, 좋은 삶을 위해 노력한다는 것이다. 흉조가 나의 행위에서 비롯된 것이라면 더더욱 변신이 필요하다. 허물을 해와 달처럼 명징하게 드러내고 두 번 다시 하지 않으면 된다. 의자왕은 자신의 허물을 볼 줄 몰랐다. 민심도 읽을 줄 몰랐다. 원성왕은 일단 민심을 읽고 거기에 매진했다. 하늘도 적절할 때 폭우를 쏟아 냈다가, 적절할 때 비를 그침으로써 감응해 주었다. 이 때문에 김주원파와 대치국면 없이 조용히 등극할 수 있었다.

하늘의 뜻을 바꾸는 인간의 의지

16년 정미는 바로 선덕왕의 말년이요, 진덕왕의 원년이었다. 이때에 대신 비담毗曇과 염종廉宗 등이 여왕은 정치를 잘하지 못한다 하여 무력으로써 왕을 폐위시키려 하므로 왕이 안으로부터 이를 막게 되었다. 그리하여 비담의 도당은 명활성에 집결하고 왕의 군사는 월성에 진을 쳐 열흘 동안 공격과 방어가 계속되었으나 결말이 나지 않았다. 밤 자정이나 되었을 무렵에 큰 별이 월성에 떨어졌다. 비담의 도당이 병졸에게 이르기를, "내 들으매 별이 떨어진 자리에는 반드시 피 흘릴 일이 있다 하였으니 이는 정녕 여왕의 패전할 징조라"고 하니 병졸들의 고함 소리가 천지를 흔들었다.

왕이 이 말을 듣고 대단히 두려워하거늘 유신이 왕에게 말하기를, "길흉이란 고정된 것이 아니라 오직 사람에게 달린 것입니다. 그러므로 은나라 주는 상서로운 붉은 새가 나타났으나 멸망하였고, 노나라는 기린을 얻었으나 쇠약해졌으며 고종은 꿩의 울음이 있어서 흥왕하였고 정공은 용의 싸움이 있었으나 득세하였습니다. 이것을 본다면 덕은 언제나 요괴한 것을 이긴다는 이치를 알 수 있는바 별의 재변 같은 것은 두려워할 나위가 없으니 바라옵건대 왕께서는 근심하지 마소서" 하고 곧 허수아비를 만들어 거기에 불을 안기어 종이연을 달아가지고 띄워 버리니 그것이 마치 하늘로 올라가는 듯하였다.

이튿날 사람을 시켜 거리에 소문을 내어 "어젯밤에 떨어졌던 별이 도로 하늘로 올라갔다"고 하여 적군들로 하여금 의심을 품게 하였다.

그리고 흰 말을 잡아 놓고 별이 떨어진 자리에 제사를 지내면서 빌기를, "하늘 이치에는 양이 강하고 음이 부드러우며 사람의 도리는 임금이 높고 신하가 낮은지라 만일 이것을 변경시켜 바꾸게 되면 즉시 큰 변으로 되는 것인바 지금 비담의 도당이 신하로서 임금을 모해하며 아랫사람으로서 윗사람을 침범하니 이야말로 역적인지라 사람과 귀신이 함께 증오할 일이며 천지에 용납하지 못할 놈이거늘 이제 하늘은 여기에 관심이 없는 듯이 도리어 서울에 별의 괴변을 나타내니 이는 나로서 의아스러운 바이며 이해할 수 없는 일이다. 하늘의 위엄으로 사람의 희망에 따라 선한 자를 좋게 하고 악한 자를 미워하여 신에 욕되게 하지 말기를 바란다" 하고 이에 모든 장졸들을 독려하여 들이치니 비담의 도당이 패하여 달아나매 그를 추격하여 목을 베고 그의 일족을 모조리 죽였다.(「김유신조」,「열전」,「삼국사기」)

TV 사극 〈선덕여왕〉에서 인기몰이했던 비담과 김유신에 관련된 이야기다. 드라마와 다르게 둘은 대척하고 있는 상황이다. 하늘은 비담에게 상서로운 뜻을 펼쳐 보였다. 큰 별이 선덕여왕 쪽에 떨어진 것이다. 별이 떨어지는 쪽은 피를 흘리며, 패배한다. 하늘의 예시는 그렇다. 여왕은 걱정했지만 유신은 달랐다. 길흉은 사람에게 달린 것. 흉조를 하늘로 되돌려 보낸다. 종이연을 띄워서 별이 올라간 듯 꾸민 것이다. 군사들을 안정시키는 전술을 쓴 다음에는 하늘을 위협한다. 협박 주술이다. 흰 말을 협박함으로써 하늘에 통하게 하는 방식이다. 하늘이 오히려 천명을 잘못 내렸다는 것. 천명을 선한 자에게 보내라고 되레 호통이다. 그리고 성공한다.

실상 하늘은 말이 없다. 하늘은 편을 들지 않는다. 선악을 판단하고, 의지를 관철하는 건 인간이다. 인간의 의지가 강렬하다면, 문제를 보는 시각이 전혀 다르다면 하늘은 나의 편이다. 신라 향가 중의 하나인 「혜성가」를 부른 융천사融天師도 김유신과 마찬가지의 전술을 구사했다. 사람들이 혜성이 나타나 전쟁이 일어날 것이라고 불안해할 때 융천사는 이 사태를 전혀 다르게 해석해 버린다. 꼬리달린 별은 불길한 혜성이 아니라 길쓸별이라고 명명하며 혜성은 애초에 없었다고 한다. 이에 사람들은 안정되고 왜구는 물러갔다. 하늘의 표식을 다르게 해석해 버림으로써 문제를 무화시켜 동요된 민심을 가라앉혔던 것이다. 하늘의 불길한 조짐을 상서로운 조짐으로 해석하는 대담함. 어떤 사태에도 동요하지 않을 수 있기에 하늘도 내 편으로 만들어 버린 것이 아니겠는가? 하늘과 맞짱 뜰 만큼 대담한 용기와 문제를 전혀 다르게 해결할 수 있는 지혜가 있으면 흉조도 길조로 바꿀 수 있다.

『삼국사기』는 천문의 흐름을 통해 인간의 지혜를 이야기한다. 김부식이 천인감응설에서 중시한 바는 신비주의에 입각한 해석의 문제가 아니었다. 자연을 거울삼는 인간은 자연의 비의에 숨지 않는다. 자연의 신비에만 빠져든다면 숙명론에 빠져 책임을 회피하는 것일 뿐이다. 자연이 궤도를 이탈하여 천지의 지축이 뒤흔들릴 때, 그것이 인간에게 지대한 영향을 미치는 것은 신화가 아니라 현실이다. 그럴 때 인간이 어떻게 해야 하는가? 자연에 교감하여 인간이 근신 또 근신하며 또 다른 인간들과 교감하고 소통한다면, 자연의 흐름을 바꾸지는 못하더라도 인간으로부터 야기되는 불운한 사태는 막을 수 있지 않겠는가? 그렇다면 우주와 생명의 역사가 역사 중의 가장 인간적인 역사가 아닐까?

三國史記

Keyword
06.

전쟁

역사를 배반하는 역사

13. 전쟁기계, 용병 흑치상지에 관한 랩소디

삼국시대, 전쟁의 서사 시대

7세기의 한반도는 들끓었다. 신라·고구려·백제는 당·왜·돌궐·말
갈 등 동아시아 여러 나라들과 합종연횡하며 치열하게 전쟁을 치
렀다. 신라는 승리하여 한반도를 통일했다. 백제와 고구려는 전쟁
에 패배했고, 신라에 복속되었다. 백제는 660년, 고구려는 668년
멸망했다. 신라는 백제를 멸망시킨 뒤 약 8년여 동안 싸워서 고구
려를 멸망시켰다.

　신라·백제·고구려 세 나라는 길고 긴 시간 동안 전쟁을 했다.
전쟁이 일상처럼 되었던 긴 시간, 승리했든 패배했든 싸움이 휩쓸
고 지나간 자리엔 죽음과 피폐가 채워졌다. 『삼국사기』, 적어도 7
세기까지의 기록에서 전쟁은 진정 예외 상태가 아니라 평시 상태
이고, 평화가 오히려 예외인 것처럼 보인다. 조금 과장하면 삼국시

대는 전쟁의 시간이자 이기고 지는 사람들의 시간이다.

백제와 고구려의 많은 백성들은 전쟁의 와중에 어떻게 살았을까? 그리고 전쟁이 끝난 뒤 어떻게 되었을까? 불행하게도 알 수 없다. 많은 사람들은 죽었을 테고, 일부는 당나라로 끌려갔을 테고, 또 일부는 돌궐, 말갈, 왜로 도망쳤을 테고, 대부분은 자기 땅에 남아 전쟁 후유증을 앓았으리라. 그랬으리라 짐작해 본다.

『삼국사기』에는 싸우다 죽은 영웅들의 이야기는 남아 있지만 전쟁을 겪은 수많은 백성들, 혹은 희생자들의 이야기는 나오지 않는다. 조선 후기 판소리 『적벽가』에서야 군졸들의 목소리가 겨우 등장한다. 조조의 군사든 유비의 군사든 왜 싸우는지 모른다. 군졸들은 어머니가 그립고 고향으로 돌아가고 싶을 따름이다. 나라를 위한다고는 하지만 누구를 위한 나라인가? 싸워야 할 명분이 전혀 없는 군졸들에게 전장에서의 죽음은 개죽음이다. 폭력이 폭력을 부르고 복수가 복수를 낳는다. "만인 사이의 전쟁을 막기 위해 국가를 요청하는 게 아니라 국가의 존재를 위해 만인의 전쟁이 표상되는 것이다."(고병권 외, 『코뮌주의 선언』, 교양인, 2007, 344쪽) 전쟁은 죄다 명분을 앞세우지만, 그 어떤 명분도 사는 일보다 신성하지는 않다는 것을 『적벽가』는 보여 준다.

그렇다면 『삼국사기』는 어떠한가?

진덕여왕 가을 8월에 백제의 장군 은상殷相이 군사들을 거느리고 와서 석토 등 일곱 성을 공격하여 함락시켰다. 왕이 대장군

유신과 장군 진춘陳春, 죽지竹旨, 천존天存 등을 시켜 나가서 대항하게 하였다. 여기저기 옮아 가면서 싸우기를 열흘이 지났으나 포위를 풀지 못하여 도살성 밑에 나아가 자리를 잡고 유신이 군사들에게 말했다. "오늘은 반드시 백제 사람이 와서 정탐을 할 것이다. 너희들은 거짓 모르는 체하고 함부로 누구냐고 묻지 말라!" 그러고는 사람을 시켜 진중에 돌아다니면서 말하기를 "움쩍 말고 굳게만 지켜라. 내일 구원병을 기다려 결전을 하겠다"고 하였다. 간첩이 이 말을 듣고 돌아가 은상에게 그대로 보고하였더니 은상 등은 증원병이 있다 하여 의심을 품고 겁을 내지 않을 수 없었다. 이때 유신 등이 진격하여 적을 크게 부수고 장수와 군관 1백 명을 죽이고 사로잡았다. 군졸 8천 980명의 머리를 베고 군마 1만 필을 얻었으며 병기 같은 것은 이루 다 셀 수 없었다.(「김유신조」, 「열전」, 「삼국사기」)

김유신이 심리전에 얼마나 탁월했는지를 보여 주는 한 대목이다. 백제의 정탐꾼을 속이고, 백제 군사들을 위축시키게 만드는 전술을 구사한다. 그리고 백제군을 그야말로 쳐부순다. 군마 1만 필은 살려서 포획했으나 군졸 8천 980명은 모두 머리를 베었다. 군졸들은 전쟁기계이다. 그들은 베인 머리수만으로 역사를 장식한다. 수많은 죽음들이 전리품이 되어 숫자로 제시되었을 뿐이다. 전쟁의 서사를 장식할 그 어떤 몫도 없이 그저 진격하거나 머리수로 남거나. 『삼국사기』에는 군졸의 목소리는 없다. 그래서 전쟁 기사는 잔인하지 않다. 굳이 전쟁의 현장을 그려내지 않는 한 그 어떤 목소리도 들을 수 없고, 그 어떤 이의 감정도 잡아내기 힘들다. 전쟁에 뛰어든 모든 사람들의 이야기는 소거된 채 승리자의 전략과 전술, 그 성과만이 기술된다.

『삼국사기』는 과장을 조금 한다면 대부분이 전투에 관한 기록이다. 땅 뺏기 싸움! 국가의 확장과 병탄을 목표로 했던 시대. 『삼국사기』는 나라를 위해 죽음도 두려워하지 않는, 수많은 열사들의 활약으로 가득 차 있다. 전쟁터는 영웅의 탄생지가 된다. 전쟁이 시작되었다면, 어쨌든 이겨야 한다. 모순이기는 하지만 살기 위해 싸우지 않는다. 이기기 위해 싸운다. 죽어서라도 승리를 이끌어내야 한다. 싸우지 않고 이기는 것이 최고의 병법이지만, 막상 전쟁이 터지면 둘 중 하나다. 죽거나 이기거나.

그래서 『삼국사기』에 수록된 흑치상지黑齒常之, 630~690의 열전은 더욱 소중하다. 내게 가장 흥미로운 「열전」을 꼽으라면 단연코 흑치상지다. 비록 일반 백성들의 행로나, 군졸들의 행로를 보여 주는 것은 아니지만 패배했으나 죽지 않고 살아남은 장수는 무엇을 했을까 하는 궁금증을 아주 조금 해소시켜 준다.

용병 흑치상지

흑치상지는 백제의 서부 사람이다. 키가 7척이 넘었으며 날래고

억세며 지략이 있었다. 백제의 달솔達率: 백제의 16관등 중 제2위의 품관로서 풍달군의 장수를 겸했다. 소정방蘇定方이 백제를 평정했을 때 자기 부하와 함께 항복했다. 소정방이 늙은 왕을 가두고 군사를 놓아 함부로 노략질하자 흑치상지가 겁을 내어 좌우 추장 10여 명을 데리고 탈출한다. 도망쳤던 백제 군사를 규합하여 임존성으로 가서 굳게 지키니 열흘 안팎으로 상지에게 모여든 군사가 3만여 명이었다. 소정방이 군사를 정비해 그를 쳤으나 이기지 못했고 상지는 별부장別部將 사타상여沙吒相如와 함께 마침내 2백여 성을 회복한다. 그러나 전세가 불리해지고, 당 고종이 사신을 파견해 상지를 불러 타이르자 유인궤劉仁軌에게로 가서 항복한다.

흑치상지는 신라와 싸운 게 아니라 신라와 연합하여 백제를 치러 왔던 당나라와 싸운다. 이 과정에서 상지는 항복하고 탈출하고 재결집하여 싸우다 마침내는 항복한다. 유인궤는 흑치상지의 무리에게 진심을 표시하고 임존성을 빼앗아 성의를 보이라 하면서 갑옷과 병기·군량 등을 내준다. 당나라의 한 인사가 무기와 식량을 주는 것은 도적의 편의를 도와주는 일이라 하며 만류하자, 유인궤는 "사타상여와 상지는 충성스럽고 꾀가 있어서 기회를 만나면 공을 세울 수 있으니 의심할 것이 무엇인가?"라며 무기와 식량을 내어 준다. 상지는 유인궤의 기대에 부응하여 성을 빼앗아 당나라에 바친다.

백제 사람, 아니 우리나라 사람 흑치상지는 우리가 예상한 시나리오에 전혀 부합하지 않는 행보를 한다. 흑치상지는 실망스럽게도(?) 백제를 위해 끝까지 싸우지 않고, 당나라에 항복하여 당나라를 위해 성을 빼앗는다. "내 죽음을 적에게 알리지 말라"와 같은 장군의 기백은커녕 애국심, 충성심조차 없어 보인다. 물론 당나라의 포위로부터 탈출해서 군사들을 모아 당나라 군사에 대항하며 2백여 성을 회복한 상지의 전공은 혁혁해 보인다. 그러나 여기까지이다. 전세가 불리해지자 죽지 않고 당나라에 합류했다. 이 부분에서 실망하고 심지어 배신감마저 드는 건 어쩔 수 없다.

하나, 김부식은 상지가 항복하는 부분이나, 재결집하는 부분(백제부흥운동)을 어떤 드라마로 가공하지 않았다. 김부식은 『구당서』와 『신당서』에 수록된 흑치상지 열전을 거의 그대로 실었다. 패배한 나라의 장수로서 그가 걸어간 길을 가감 없이 보여 준다. 백제의 멸망과 함께 항복했다가 다시 백제 부흥을 위해 싸우다가 그래도 전세가 불리함을 깨닫고 항복한 장수, 그의 행로를 담담히 기술했다.

그런데 흑치상지의 이야기는 여기서 끝나지 않는다. 흑치상지는 당나라에 들어가 좌령군左領軍 원외장군員外將軍 양주자사洋州刺史가 되어 여러 번 전쟁에 종사하여 전공에 의해 벼슬과 특별한 상을 받는다. 또 연연도燕然道 대총관大摠管이 되어 이다조李多祚 등과 함께 돌궐을 쳐서 격파한다. 이때 좌감문위左監門衛 중랑장中郎將 보벽堡璧이 돌궐을 끝까지 추격하여 공을 세우려 하자 황제가 상지와 함께 치라고 명령했으나 보벽이 혼자 진격했다가 적에게 패전을 당하고 군사 전부를 상실한다. 이 때문에 보벽을 옥에 가두어 죽이고 상지도 그에 연좌되어 공로를 인정받지 못한다. 또한 이즈음에 주흥周興 등이 상지가 응양장군鷹揚將軍 조회절趙懷節과 함께 반란을 도모한다고 무고하는 바람에 상지는 조옥詔獄에 갇혀 교형을 당한다. 아마도 백제 부흥을 주도했던 흑치상지에게 입혀진 죄목은 잔존 백제 세력의 규합과 모반이었으리라. 흑치상지가 죽고 나서 아들 흑치준黑齒俊이 아버지의 억울함을 호소하여 신원이 이루어졌고, 중국 역사서에 그 행적을 남길 수 있었다.

흑치상지는 항복한 후 당나라의 장군이 되었다. 당나라를 위해 돌궐에 맞서 싸우는 등 백제의 장군으로서가 아니라 당나라의 장군으로서 공을 세웠던 것이다. 흑치상지의 고민과 갈등이 그려져 있지 않기에 당나라에서 장군이 되어 싸우는 심정이 어떤지 우리는 알 수 없다. 다만 흑치상지는 백제에서와 마찬가지로 당나라에서도 혁혁한 전공을 세운다는 것이다. 한마디로 용병이다. 용병으로 살다 용병으로 죽은 흑치상지. 한민족으로서 흑치상지의 행적이 썩 달갑지 않다. 아니 찝찝하다. 김부식은 흑치상지를 도대체 왜 입전했을까?

전쟁기계는 또 전쟁기계로!

흑치상지는 우리의 기대를 여지없이 무너뜨린다. 적어도 「열전」에 이름이 오르려면, 백제를 위해 최후까지 저항했어야 하지 않을까? 혹은 훗날을 도모하는 모습을 보이다가 일격을 가하고 장렬하게 죽었어야 하지 않을까? 김부식이 매국노(?) 흑치상지를 입전한 이유에 대해 일말의 의혹을 거둬들이기가 힘들다. 묘비명도 남아 있고, 중국 역사책에도 그 기록이 남아 있다고 다 선택되는 것은 아니지 않은가? 김부식은 정녕 중국 역사책을 너무 신뢰하여 민족의식 따위는 개나 줘 버린 것일까? 김부식이 사대주의자여서 매국노를 기록한 것인가?

김부식은 당 태종의 군대를 물리친 고구려 안시성 싸움의 전말도 상세히 기록했다. 당나라의 수만 군사를 버텨 낸 안시성 군민들의 활약과 당나라 군사들의 수송로를 끊어 낸 그 뛰어난 전술이 김부식 덕분에 대대로 전해졌던 것이다. 이 기록도 중국에만 남아 있다. 그렇다면 김부식을 일방적으로 매도하기는 힘들다. 이런 인물을 올렸을 때는 이유가 있을 터, 이 사건을 기록했을 때의 김부식의 마음은 무엇일까?

물론 흑치상지가 억울하지 않은 것은 아니다. 있는 힘껏 분투했으나 백제가 다시 회복될 수 없었으니 어찌할 것이며, 그래도 살아야 하니 당나라를 위해 싸울 뿐 또 어찌할 수 있었겠는가? 당나라 사람들이 모함하는 데야 또 어찌할 것인가? 흑치상지 혼자 힘으로 극복하기 어려운 일인지도 모른다. 그런데 심정적으로 이해는 되지만, 수긍이 쉽게 되지는 않는다. 흑치상지가 시대적으로 멀리 떨어진 존재임에도 불구하고 일말의 아쉬움 같은 것이 남는다. 객관적으로 무심하게 흑치상지를 바라보기가 힘들다. 백제가 우리 민족이라는 의식 때문이다. 중국은 다른 나라지만, 신라는 우리 나라이기 때문이다. 그러니 흑치상지가 죽을 때까지 당나라에 대항했거나, 백제를 병탄한 신라를 위해 싸웠다면 우리들의 마음은 편안했을 것이다.

그러나 김부식은 흑치상지를 비난하지 않았다. 백제인으로 마지막 자존심을 지키지 못한 흑치상지에게 명예로운 죽음이 낫다는 설교 따위를 하지 않았다. 김부식은 「흑치상지 열전」에서 이런 식의 애국심이나 민족의식을 전혀 개입시키지 않는다. 흑치상지는 적어도 임존성에서 백제 군사를 다시 규합해서 당나라에 대한 최후의 저항을 보여 주었다. 그러나 역부족으로 다시 항복할 수밖에 없었다. 이것 말고 흑치상지가 더 무엇을 할 수 있었겠는가? 김부식은 아주 객관적으로 흑치상지의 일생을 보여 줄 따름이다.

흑치상지 개인은 매우 훌륭한 장군이었다. 병졸들이 그가 타는 말을 매질했을 때 "개인이 말에 저지른 일로 나라 사람을 벌하겠느냐?"라고 말하며, 병졸들을 용서했다. 그리고 포상으로 받은 물품을 남김없이 부하들에게 나눠 주었다. 아랫사람에게 너그럽고 공정하며, 개인적으로는 욕심이 없었다. 백제의 장군일 때도 그랬고, 당나라의 장군일 때도 그렇게 했다. 당나라에서 억울하게 모함당했을 때 아랫사람들은 모두 흑치상지를 안타까워했다.

김부식은 장수 흑치상지에 주목한다. 흑치상지는 어떤 상황이건 전선에서 싸울 뿐이다. 흑치상지는 전쟁기계이다. 흑치상지는 백제의 장수일 때는 백제를 위해, 당나라의 장수가 되었을 때는 당나라를 위해 싸울 뿐이다. 아주 뛰어난 전쟁기계로 살다가 전쟁기계로 죽었다는 사실, 이것이 「흑치상지 열전」의 핵심이다.

국가라는 경계는 국운과 함께 사라진다. 백제의 멸망을 당나라가 주도했고, 백제왕과 함께 백제의 유민들은 당나라로 잡혀갔다. 이들은 분명 당나라에서 백제의 유민으로 삶을 이어 갔을 것이다. 만약 신라가 백제 멸망을 주도했다면 백제왕과 흑치상지는 신라에서 백제의 유민으로 살았을 것이다. 당나라에서 살아가는 이는 당나라를 위해 살 수밖에 없다. 백제의 용병은 이제 당나라의 용병으로 살아야 한다. 전쟁터에서 장수는 이기기 위해 싸워야 한다. 흑치상지가 백제부흥운동을 주도하다 항복하고 당나라의 장군이 된 것은 30대였다. 흑치상지는 60살에 교수형을 당하는데 30대부터 60살까지 당나라의 장군으로 싸웠다.

멸망한 나라의 장군의 최후는 한 가지가 아닐 것이다. 전쟁이 터졌을 때 싸우다 죽거나, 죽지 못하고 포로가 되었을 때는 적국을 위해 싸우거나, 도망가서 숨거나 등등. 아마 멸망당한 백제, 고구려의 장군과 병졸들은 당나라를 위해, 신라를 위해, 혹은 돌궐을 위해 싸웠을 것이다. 그것이 전쟁 시대의 생존법이다.

흑치상지가 당나라에 대항하기를 바라는 건, 백제와 신라가 한민족이라고 여기는 의식 때문이리라. 우리에게 '민족'은 상상의 공동체가 아니라 '실체'라는 생각이 지배적이기 때문이다. 백제인들이라면 흑치상지가 마지막까지 백제를 위해 싸우기를 바랐을 것이다. 적군이 신라여도 그랬을 테고, 당나라여도 그랬을 터였다.

고려인 김부식은 오히려 그런 부분에서 민족이라는 자의식을 발동하지 않았다. 신라나 당나라 모두 백제에게는 '적' 그 이상도 이하도 아니었기 때문이다. 그러니 흑치상지가 백제의 장수로서 최후까지 절치부심했다면 그것대로 의미가 있겠지만, 살아남은 자의 최후도 의미가 있었던 것이다. 백제의 유민 흑치상지는 전쟁기계로서 최선을 다해 살았다. 멸망한 나라의 백성이 죽지 않고 사는건, 산 자의 몫이다. 이걸 변심으로 볼 수는 없는 것이다. 다만 전쟁기계는 또 다시 전쟁기계로 살 수밖에 없음을 확인할 따름이다.

14. 병법을 뛰어넘는 전쟁기계 : 승리하거나 죽거나

신라인의 호국 의지

일부 역사학자들은 신라가 한민족에 대한 동류의식과 삼한일통三韓一統에 대한 염원을 가지고 한반도를 통일했다고 한다. 명분이 분명한 싸움이었다는 것이다. 글쎄? 앞에서 거듭 확인한 바, 한민족의 동류의식이 삼한통일의 기저가 되었는지는 잘 모르겠다. 분명한 것은 신라는 고구려·백제를 원수로 보았으며, 절치부심 두 나라를 물리치기 위해 당나라와 손잡았다는 사실이다. 그리고 이 삼국 전쟁을 통해 한반도는 다른 역사를 맞이했다는 사실이다. 7세기의 전쟁으로 한반도는 고대 문화에서 중세 보편문화로 진입하게 되었다. 하나의 민족, 하나의 국가가 되면서 한반도는 중국이라는 중세의 보편문화에 복속되었다. 당나라 문명, 아니 중국 문명이 동아시아의 보편 문명으로 자리 잡은 것이다.

한반도상에서 7세기의 전쟁은 심각한 역사적 변형 혹은 새로운 시대의 개시를 가져오는 보편적 조건이었음에 틀림없다. 선덕여왕에 이어 등극한 제28대 진덕여왕은 "나라 밖 오랑캐들이 명령을 어긴다면, 죽이고 전복시켜 천벌을 입히리라"는 내용이 담긴 '태평송'을 당나라 황제에게 보내고, 처음으로 중국의 영휘永徽 연호를 사용하는 등 중국을 천자의 나라로 받아들이기 시작한다. 통일 이후 신라는 당나라를 한반도의 영토에서 힘껏 물리쳤지만, 중국 문화로의 편입은 빠른 속도로 이어졌다. 전쟁의 공과는 분명 있었다.

신라는 고구려·백제보다 후발 국가였고, 고구려·백제·왜 등의 빈번한 군사적 압박에 시달리고 있었다. 신라는 수와 당이라는 거대 제국이 동아시아의 세력 판도에 강한 규제력을 행사하던 시기에, 당나라의 힘을 이용하여 고구려와 백제를 병합할 수 있었다. 동아시아의 국제 환경을 유리하게 이용한 신라가 한반도를 통일했던 것이다. 국제정세를 잘 읽어 낸 것이 신라가 삼한을 통일하는 데 있어 주요한 이유가 되겠지만, 김부식은 『삼국사기』 안에서 신라인의 호국 의지를 삼한통일의 절대적 동력으로 보았다.

제13대 미추잇금은 김알지金閼智의 7세손이다. 왕위에 있은 지 23년 만에 붕했는데 능은 흥륜사 동쪽에 있다. 제14대 유리왕 때 이서국伊西國: 삼한시대 변진 계통의 부족 국가 사람들이 금성에 쳐들어오자 우리도 군사를 크게 일으켜 막았는데 오래 버틸 수 없었다. 그때 홀연히 신병神兵이 나타나 도왔는데, 모두들 댓닢을 귀에 꽂고 우리 군사와 힘을 합해 적군을 격파했다. 그러나 적군이 물러간 뒤에는 모두 어디로 갔는지 보이지 않고 다만 댓잎이 미추왕릉 앞에 쌓여 있는 것만 보였다. 죽현릉이라고 불렀다.(「미추왕과 죽엽군」, 「기이」, 「삼국유사」)

미추왕味鄒王, 재위 262~284은 죽어서도 외적으로부터 신라를 지키는 데 여념이 없다. 댓잎으로 군사를 만들어 이서국을 물리친다. 귀신이 되어서도 나라를 지키는 미추왕은 신라의 정신 그 자체라 할 만하다.

죽은 미추왕은 혜공왕惠恭王, 재위 765~780 대에 한 번 더 등장한다. 혜공왕 때 삼한통일의 주역이었던 김유신 귀신이 자기 후손들이 공로를 인정받지 못하는 데 불만을 품고 신라를 떠나겠다고 미추왕 귀신에게 선언한 것이다. 미추왕은 김유신을 설득하여 신라에 눌러 앉힌다. 김유신이 떠나면 신라가 위태롭기 때문이다. 문무대왕文武大王, 재위 661~681은 죽어서도 나라를 지키기 위해 바다의 큰 용이 되었고, 김유신은 천신이 되었기에 이들이 떠나면 나라는 위험하다. 귀신들의 대화에 놀라 현실의 신라인들은 조처를 취한다. 공신 김경신金敬信을 김유신능에 보내어 사과하고, 공덕보전 30결을 취선사에 보내 명복을 빌어 주자 김유신 귀신의 화는 가라앉는다. 이처럼 미추왕의 호국 의지는 죽어서도 사라지지 않았다.

신라인들은 그렇게 믿었다. 조상들은 죽어서도 신라를 지켜

줄 것이라 믿었던 것이다. 신라가 고구려·백제에 비해 쇠약했고 왜·말갈·돌궐·고구려·백제 등의 외침이 빈번했으니 신라를 지켜야 하는 것은 그들의 생존에 다름 아니었다. 신라인들은 호국 의지를 불태우며 고구려와 백제를 철천지 원수로 생각하여 이들을 물리칠 것을 맹세했다.

> 처음 백제 군사와 더불어 황산에서 싸우는데, 장춘랑長春郎과 파랑罷郎이 진중에서 죽었다. 나중에 백제를 토벌하는데 그들이 태종의 꿈에 나타나 말했다. "신들이 지난 날 나라를 위해 몸을 바쳐 백골이 되었지만 아직도 나라를 지키고 싶어서 종군하기를 게을리하지 않습니다. 그러나 당나라 장수 소정방의 위세에 눌려 남의 뒤만 따르게 되었으니 바라건대 왕께서는 저희들에게 작은 세력이라도 더해 주소서." (장춘랑과 파랑, 「기이」, 『삼국유사』)

장춘랑과 파랑도 미추왕처럼 죽어서도 끝내 나라를 수호하겠다고 나선다. 독자적으로 적을 쳐부수고 싶다는 욕망은 죽어서도 강렬하다.

『삼국유사』에 의하면 김유신의 전신前身: 전생의 몸은 고구려의 음양가 추남楸南이다. 국경에 물이 역류하여 추남에게 점을 쳤더니, 추남이 "대왕의 부인이 음양의 도를 역행하므로 그 증험이 이렇게 나타나는 겁니다"라고 말했다. 대왕이 놀라 괴이하게 여기고 왕비도 크게 노해 추남의 점괘를 요망한 여우의 말이라고 하며, 왕비가 왕에게 아뢰어 다른 일로 시험하되 만약 틀리면 추남을 중형으로 다스리게 했다. 그래서 쥐 한 마리를 함 속에 감추고 이것이 무슨 물건이냐 했더니, 추남이 "틀림없이 쥐인데 여덟 마리입니다"라고 대답했다. 쥐가 한 마리뿐이므로 목을 베려고 하자 추남이 맹세하면서 "내가 죽은 뒤 대장이 되어 반드시 고구려를 멸망시키겠다"고 했다. 쥐의 배를 갈라 보니 새끼 일곱 마리가 들어 있었다. 대왕이 꿈을 꾸었는데 추남이 신라 서현공 부인의 품으로 들어갔다. 그래서 고구려 사람이 유신을 죽이려는 꾀를 꾸미게 된 것이다.(「김유신」, 「기이」, 「삼국유사」) 김유신은 전신부터 고구려에 원한을 가진 사람이다. 김유신의 전신은 반드시 고구려를 멸망시키겠다고 말한다. 원수 고구려를 치기 위해 김유신이 태어났다는 것. 신라인들은 이렇게 무장했다.

17세가 된 김유신이 중악 석굴에 들어가서 몸을 정결히 하고는 "적국들이 무도하여 이리나 범과 같이 우리나라의 영역을 소란케 하여 무사한 해가 거의 없습니다. 내가 한갓 미약한 몸으로 재능과 역량을 짐작하지 않고 환난을 숙청하기로 결심했으니 하늘은 굽어살펴 나를 도와주소서"라고 하늘에 맹세했다. 삼한통일의 의지라기보다는 고구려·백제·말갈들이 국토를 침략하는 것을 보고 외적 평정에 대한 의분을 길렀던 것이다. 신라인들은 많디 많은 외적의 침략 속에 호국의 의지를 다졌다. 그리고 신라를 지키겠다는 그 강렬한 의지가 삼한통일로 이어졌다.

후퇴는 없다 : 이기거나 죽거나

신라인들은 전쟁과 죽음에 대해 사유할 여유가 없었다. 외적의 침입에 대응하여 적들을 물리치는 것만이 살 길이었기 때문이다. 하여, 싸움에서 물러나면 나라의 망신이자 불충이며, 집안의 부끄러움이자 불효였다. 『삼국사기』「열전」의 많은 인물들은 임전무퇴臨戰無退의 정신을 불사르며 단독으로 적진을 향해 뛰어든다. 적을 몇 놈이라도 죽이고 장렬하게 전사하는 것만이 전장에서 할 일이다. 그 외에 다른 것은 없다. 승리하지 못하면 한 명의 적이라도 죽이고서 죽는 것. 오로지 전쟁기계가 되어 적을 해치는 것이 진정 살 길이라 생각했다.

수나라에서 유학하고 온 원광법사圓光法師는 가르침을 달라는 귀산貴山에게 그 유명한 세속오계를 전수한다. 원광법사는 승려가 아닌 신하로 사는 이들에게 세속에서 지켜야 할 다섯 가지 계율을 알려준다. 첫째는 임금을 충성으로 섬기는 것이요[事君以忠], 둘째는 부모를 효성으로 섬기는 것이요[事親以孝], 셋째는 벗을 신의로써 사귀는 것이요[朋友有信], 넷째는 전장에 나가서 물러서지 않는 것이요[臨戰無退], 다섯째는 생물을 죽여도 가려서 한다는 것[殺生有擇]이다.

불교의 승려인 원광법사도 신라의 상황에 맞게 계율을 조정한다. 아이러니하지만 '임전무퇴'를 말할 수밖에 없는 시대였다. 임전무퇴와 살생유택은 참으로 공존하기 힘든 '모순'에 다름 아니다. 그러나 그 살생유택의 내용에는 전쟁에 나가 죽이는 것은 포함되지 않는다. 전시는 평상시와는 다르다.

골라야 한다는 것은 여섯째 재날과 봄·여름에 생물을 죽이지 않는 바니 이는 때를 가림이요. 부리는 짐승을 죽이지 않는다는 것은 말·소·닭·개를 말함이며 하찮은 것을 죽이지 않는다는 것은 고기로서 한 점도 못되는 것을 말함인바, 이것은 물건을 가림이다. 다만 쓸 만큼 죽이고 함부로 죽이려 하지 말 것이니…(「귀산조」, 「열전」 『삼국사기』)

귀산은 원광법사의 가르침을 받은 이후 백제와 대결하는 전투에 나가게 된다. 이들은 세속오계를 잊지 않았다.

진평왕 건복 24년 임술 가을 8월에 백제가 대군을 발동하여 아막성을 포위해 왔다. 귀산과 추항箒項은 소감少監의 관직으로 전지에 나갔다. 백제가 패하자 천산 늪으로 물러와서 군사를 매복시켜 놓고 신라 군사가 오기를 기다렸다. 백제 복병이 달려들어 군사를 둘러싸고 항복시켜려 하매 귀산이 큰 소리로 말하기를 "내 일찍이 선생께 듣건대 군사는 적군을 만나서 물러서지 말라고 하였으니 어찌 패하여 달아날 수 있으랴?" 하고 적을 쳐서 수십 명을 죽인 다음 자기 말로써 아버지를 태워 보내고 추항과 함께 창을 휘두르며 힘껏 싸웠다. 여러 군사들이 이를 보고 사

기가 분발되어 적군을 맹렬하게 치니 백제 군사의 쓰러진 시체
가 들판에 가득하고 말 한 필 수레 한 채도 돌아간 것이 없었다.
귀산 등은 온몸이 창에 찔려 돌아오는 도중에 죽었다.(「귀산조」, 「열전」,
『삼국사기』)

귀산은 세속오계의 가르침 중 임전무퇴를 몸소 실행한다. 귀
산은 패배한 줄 알면서도 달아나지 않고 마지막 순간까지 전투에
임한다. 온몸이 창에 찔려서도 싸운다. 전장에서 다른 선택은 없
다. 죽음을 두려워하지 않고 싸우기. 원광법사는 전쟁에서 살아남
는 법이 아니라 전쟁에서 죽는 법을 가르쳤다. 이것만이 전쟁을 승
리로 이끌기 때문이다. 돌격대 귀산으로 인해 신라군의 사기가 충
천하고 백제 군사들은 절멸한다.

김유신의 승리 비법, 돌격대 정신

삼국통일을 이끈 김유신! 그는 귀산과 같이 임전무퇴 정신으로 똘
똘 뭉친 병사를 활용한다. 이른바 돌격대 전법. 패배를 눈앞에 두
고 사기가 저하된 병사들을 일으켜 세우기 위해서는 두려움 없이
돌진하는 병사가 필요하다. 김유신은 그런 병사를 알아보고, 적진
을 향해 홀로 용감하게 진격하도록 고무했다. 그 대표적 인물이 비
령자丕寧子이다.

비령자는 그의 고향과 집안과 성씨를 알 수 없다. 진덕왕 원년 정미에 백제가 큰 군사를 거느리고 무산·감물·동잠 등의 성에 와서 치므로 유신이 보병과 기병 1만을 거느리고 이를 방어했다. 그러나 백제 군사가 매우 날카로워 애써 싸우다가 이기지 못하여 사기가 저하되고 힘이 지쳤다. 유신이 비령자가 힘껏 싸워 적진 깊숙이 들어갈 생각이 있음을 짐작하고 그를 불러 이르기를 "겨울이 찬 뒤에야 소나무와 잣나무의 절개를 아는 법인데 오늘 사태가 위급하게 되었으니 그대가 아니면 누가 용감히 싸우며 특출한 일을 이룩하여 여러 사람의 마음을 격려하겠는가?" 하고 이어 그와 함께 술을 마시면서 친절히 뜻을 표하니 비령자가 공손히 절하고 말했다. "지금 숱하게 많은 사람 가운데 유독 나에게 일을 부탁하시니 나의 마음을 알아주신다고 할 만한지라 진실로 죽음으로써 보답해야 되겠습니다."

비령자가 종 합절合節에게 이르기를 "내가 오늘 위로 나라를 위하고 아래로 동지를 위하여 죽을 것이다. 나의 아들 거진擧眞이 나이는 비록 어리나 큰 뜻이 있어서 내가 죽으면 그도 반드시 나를 따라 죽으려 할 것이니 만일 부자가 함께 죽는다면 집안 사람이 장차 누구를 의지하랴? 네가 거진과 함께 나의 해골을 잘 수습하여 가지고 돌아가 자기 어미의 마음을 위로하게 하라" 하고 부탁을 마치자 곧 말을 채찍질하여 창을 비껴들고 적진으로 돌입해 적병 두어 명을 쳐 죽이고 그도 죽었다.

거진이 이 광경을 보다가 적진으로 들어가려 하니 합절이 만류하였으나 거진이 말하기를 "아버지가 죽은 것을 보고도 구차하게 사는 것이 이른바 효자이겠느냐?" 하고 칼로써 합절의 팔꿈치를 쳐 버리고 말을 달려 적진으로 돌입하여 싸우다가 죽었다. 합절이 말하기를 "나의 주인들은 다 죽었는데 나 혼자 살아서 무엇을 하겠는가?" 하고, 그 역시 싸우다가 죽었다.

군사들이 세 사람의 죽는 광경을 보고 감동되고 격분하여 서로 앞을 다투어 나아가서 향하는 곳마다 적의 예봉을 꺾고 진지를 함락시켰으며 적군을 크게 깨뜨려 3천여 명의 머리를 베었다. 유신이 세 사람의 시체를 거두어서 자기의 옷을 벗어 덮어 주고 울기를 매우 슬퍼하였다.「비령자조」,「열전」,「삼국사기」)

비령자와 그의 아들 거진과 그 집안의 종 합절은 차례로 적진에 돌격해서 싸우다 죽는다. 이를 본 군사들은 격분하여 적의 예봉을 꺾는다. 동지들의 장렬한 죽음 앞에 무슨 말과 전략이 필요한가? 군사들은 격동하여 죽음을 두려워하지 않는다. 비령자의 돌격은 백제의 진지를 쓰러뜨리는 원동력이 된다. 최신식 무기와 군사의 숫자로도 감당할 수 없는 것은 죽음도 두려워 않는 돌격대 정신이다.

신라는 돌격대 정신을 강조했다. 화랑들의 사귐 속에서, 화랑들의 훈련 속에서 그렇게 배워 갔다. 집안에서도 전쟁에서 후퇴하는 것은 불효라고 가르쳤다. 승리로 전공을 세워 집안을 빛내거나, 반대로 패배했을 때는 죽이고 죽는 전법으로 집안의 수치가 되지 말아야 하는 것이다. 김유신은 자신의 아들 원술랑이 고구려와의 싸움에 패배했음에도 주변의 만류로 살아 돌아왔을 때 용서하지 않았다. 유신은 원술랑의 목을 베어야 한다고 왕에게 아뢰기까지 했다. 왕은 원술랑의 죄를 용서해 주었지만 원술랑은 시골로 은퇴하여 아버지를 만나지 못했다. 유신이 죽자 어머니를 만나려 했으나 어머니도 자식 노릇을 못한 아들의 어미 노릇을 할 수 없다고 하며 끝내 아들의 얼굴을 보지 않았다. 원술은 당나라 군사와 싸워 전공을 세웠으나 부모에게 용납되지 않은 것이 한이 되어 벼슬하지 않은 채 일생을 마쳤다.

신라의 군사들은 국가와 가족을 위해 전쟁기계가 된다. 승리하지 않고 살아 있는 것은 수치이다. 티베트가 독립을 외치며 저항할 때 달라이 라마는 '살아야 한다'고 전했다. 오직 사는 것이 중요하다고. 노자도 전쟁에 동원된 말과 소를 밭으로 되돌리는 것이 삶의 도라고 했다. 그러나 국가의 전쟁은 살라고 말하지 않는다. 죽어서라도 승리해야 한다고 말한다. 신라는 승리 아니면 오직 죽음뿐임을 가르쳤다. 그래서 많은 이들이 전장에서 죽었다. 고구려·백제의 군사들도 무수히 죽었지만 승리한 신라의 군사들도 무수히 죽었다. 전쟁 앞에 실상 승리자는 없지만, 한반도를 평정한 신라가 최종 승리자가 되었다. 승리의 전법은 임전무퇴와 돌격대 정신!『삼국사기』는 신라가 승리한 이유를 그렇게 정리했다.

그리하여, 「열전」에는 신라 화랑이자 군사들의 장렬한 죽음이 넘치도록 기록되어 있다. 되새김질하듯 비슷한, 그러나 저마다 비장하고 슬픈, 죽음을 향해 돌진하는 병사들을 세밀하게 묘사했다. 승리를 위한 최고 전법, 임전무퇴를 몸으로 보여 준 그 용맹한 군사들을 기술하는 것에 김부식은 「열전」의 거의 전부를 할애했다. 제국의 시선을 가진 김부식은 이 시대 보편의 행위, 그러나 저마다 단독성을 지닌 행위로 용감무쌍한 군인 정신을 고취했다. 전쟁터에서는 결코 살 생각을 하지 마라. 반드시 내 나라를 위해 죽음을 두려워 말고 싸워 이기라!

15. 전쟁기계의 최후 : 「열전」 속 전사자들

<u>아버지와 아들의 대를 이은 죽음</u>

앞에서 이야기했듯 『삼국사기』 「열전」에는 삼국의 전투에서 목숨을 아끼지 않았던 신라의 병사들이 빼곡히 나열되어 있다. 그들을 살펴보자.

찬덕讚德과 해론奚論 부자는 대를 이어 전쟁에 나가 죽었다. 죽음으로 적에게 항거했으니, 용감무쌍하기가 과연 그 아버지에 그 아들이었다. 해론은 모량 사람이었다. 아버지 찬덕은 용감한 뜻과 뛰어난 절개가 있어 한때 명망이 높았다. 건복 27년 경오(610)에 진평대왕이 그를 선발하여 가잠성 현령으로 삼았다. 건복 28년 신미년 겨울 10월에 백제가 대군을 동원하여 와서 1백여 일에 걸쳐서 가잠성을 공격했다. 구원군이 가서 백제와 싸웠으나 이기지 못하고 군사를 이끌고 돌아왔다. 가잠성 현령이었던 찬덕이 그것을 분하게 여겨 의리있게 죽기로 결심했다. 군사를 격려하여 일변 싸우고 일변 방어하다가 양식과 물이 떨어지자 송장을 먹고 오줌을 마시는 데까지 이르도록 쉬지 않고 힘껏 싸웠다. 봄 정월에 이르러 사람은 피로해졌고 성이 곧 함락하게 되어 정세가 다시 회복될 수 없었다. 이에 하늘을 우러러 크게 외치기를 "우리 임금이 나에게 이 성 하나를 맡겼는데 이것을 보존하지 못하고 적에게 패하게 되니 차라리 내가 죽어서 악귀가 되어 백제 사람을 모조리 잡아먹고 이 성을 회복하기를 발원한다" 하고 드디어 팔을 걷으며 눈을 부릅뜨고 달려가 회나무에 부딪쳐 죽었다. 가잠성이 함락되고 군사들은 모두 항복했다.

찬덕의 아들 해론은 나이 20세가 되었을 때 아버지의 공으로 대나마大奈麻가 되었다. 건복 35년 무인(618)에 왕이 해론을 임명하여 금산당주를 삼았는데 한산주도독 변품邊品과 함께 군사를 일으켜 가잠성을 습격하여 이를 빼앗았다. 백제가 이 말을 듣고 군사를 몰아오므로 해론 등이 이를 맞아 싸우게 되어 전투가 시작되자 해론이 모든 장수들에게 이르기를 "옛날 우리 아버지가 여기서 전사하셨는데 나도 지금 여기서 백제 사람과 싸우니 이는 내가 죽어야 할 날이다" 하고 드디어 칼을 들고 적에게 달려가서 여러 사람을 죽이고 같이 죽었다.

찬덕과 해론 부자에 이어, 용맹한 심나沈那와 소나素那 부자도 대를 이어 전쟁에서 죽었다. 아버지 심나에 이어 아들 소나도 갑자기 쳐들어온 말갈 군사에 맞서 싸웠다. 소나는 단독으로 적진을 향해 달려들어 아침부터 저물녘까지 활을 쏘았고, 말갈군사들 또한 소나를 향해 활을 쏘았다. 결국 소나에게 박힌 화살이 고슴도치 털처럼 되어 그만 쓰러져 죽었다. 소나의 아내 또한 전사의 부인다웠다. 마을 사람들이 조문하니 아내가 울면서 말했다. "나의 남편이 늘 말하기를 남자는 꼭 전장에서 죽어야 한다. 어찌 침석에 누워서 집안 사람의 손에 죽겠는가? 하였다. 평소 그의 말이 이러했으니 오늘의 죽음은 자기의 뜻대로 된 것이다."(소나조, 「열전」 『삼국사기』)

반굴盤屈과 김영윤金令胤 부자도 대를 이어 전사했다. 김영윤은 때를 기다려 물러서자는 장수들의 의견을 듣지 않고, 나가고 나서는 물러서지 않는 것이 군인의 도리라 하며 홀로 적진에 뛰어들어 싸우다 전사했다. 그의 아버지 반굴은 그 아버지 흠춘欽春의 명령을 받들어 목숨을 바쳤다. 태종대왕 7년 경신(660)에 당나라 고종이 대장군 소정방을 시켜 백제를 치는데 흠춘이 왕의 명령을 받들어 장군 유신 등과 함께 정병 5만을 거느리고 당나라 군사에 호응했다. 가을 7월에 황산 벌판에 이르러 백제의 장군 계백階伯과 부딪쳐 싸우는데 전세가 이롭지 못하게 되었다. 흠춘이 아들 반굴을 불러 말하기를 "신하가 되어서는 충성을 다해야 하고 아들이 되어서는 효도를 다해야 하는데 위급한 때에 목숨을 바쳐야만 충성과 효도 두 가지를 함께 완성하는 것이다" 하였다. 반굴이 "그렇습니다" 하고 적진으로 돌입하여 힘껏 싸우다가 죽었다. 위급할 때 목숨을 바치는 것이 충성과 효도라고 말한 아버지 흠춘, 그의 아들 반굴, 그리고 그의 손자 김영윤은 그 말을 실천하고 죽었다.(김영윤조,

부자가 전쟁에서 죽었을 뿐만 아니라 형제들도 전쟁에서 죽었다. 부과夫果, 취도驟徒, 핍실逼實 삼형제가 그들이다. 특히 둘째 취도는 중이 되어 이름을 도옥이라 했는데 신라가 백제와 싸우게 되자 빨리 가서 군인이 되겠다는 뜻의 '취도'로 이름을 바꾸고 전장에 나아갔다. 적진에 돌입하여 적군 여러 명을 죽이고 죽었다. 뒤를 이어 형 부과가 전공을 세우고 죽었고, 동생 핍실이 형들의 뒤를 이어 단신으로 적진에 뛰어들어가 수십 명의 적을 베어 죽이고 자기도 죽었다.

형제뿐만 아니라 주인과 종도 전장에서 싸우다 죽었다. 눌최訥催는 백제군에 포위되었을 때 그 종과 더불어 끝까지 저항하다 죽었다. 눌최는 도끼에 맞아 쓰러졌고, 종은 적을 향해 버티고 서서 화살을 쏘다 죽었다.

이 밖에도 내밀왕내물왕의 8대손인 김흠운金歆運과 죽죽竹竹, 필부匹夫 등도 모두 죽을지언정 굽히지는 않겠다는 필사의 정신으로 무장하고 전장에서 죽었다. 진골이며 대왕의 사위인 흠운이 죽으면 백제의 자랑거리요 우리 성중의 수치라고 만류해도 흠운은 "대장부가 나라에 몸을 바친 이상 남이야 알거나 모르거나 마찬가지니 어찌 구태여 명예를 바라겠느냐"고 하며 적 두어 명을 죽이고 자기도 죽었다. 이를 본 보기당주步騎幢主 보용나寶用那도 적 서너 명을 죽이고 자기도 죽었다.(「김흠운조」, 「열전」,『삼국사기』)

선덕왕 때 품석品釋이 백제와 맞서 싸우다 전세가 불리하자 항복하러 성 밖으로 나가려 하자 죽죽이 만류했다. 그러나 품석은 성문을 열었다. 백제의 복병이 장병들을 모조리 죽여 버렸다. 품석은 자기 처자를 죽이고 자기도 목을 찔렀다. 죽죽은 "나의 아버지가 나를 죽죽이라고 이름 지은 것은 나로 하여금 참대와 같이 한겨울에도 시들지 말며 꺾일지언정 굽히지 말라는 뜻이니 어찌 죽기를 두려워하여 살아서 항복하겠는가?" 하고 드디어 성이 함락될 때까지 힘껏 싸우다가 용석龍石과 함께 죽었다.

필부는 "충신과 의사는 죽을지언정 굽히지 않는 것이니 힘을 다하여 싸우자. 이 성의 존망이 이번 싸움에 달렸다"고 말하고 나아가 싸웠다. 빗발같이 날아오는 화살에 필부의 팔다리와 전신이 뚫어지고 터져서 피가 발꿈치까지 흘러내리매 그만 쓰러져 죽었다.(「필부조」,「열전」,「삼국사기」)

이처럼 『삼국사기』「열전」에는 전쟁에 임하는 신라인들의 태도가 매우 일관되게 기술되어 있다. 진골이든 육두품이든 양민이든 종이든 전쟁에 나가 후퇴하지 않는 것을 원칙으로 삼았다. 전쟁에 임할 때 신라인들은 '충효' 두 글자를 가슴에 새겼다. 『삼국사기』「열전」의 삼분의 이는 전쟁에서 장렬하게 전사한 장수와 군사들의 이야기이다. 역사는 승리자의 것이니 신라 측 전쟁 영웅들의 이야기가 전승되어 그런 것이겠지만, 『삼국사기』는 이 전쟁영웅들을 고스란히 담아낸다.

신라의 승리는 충효로 무장된 전쟁기계들의 희생이 없었다면 불가능했을 것이다. 죽기 살기로 덤비는 용맹성이야말로 그 어떤 병법도 당할 수 없는 최종무기가 아닌가?『삼국사기』는 그렇게 보는 것 같다. 삼국통일의 대업을 이룬 김유신으로부터 시작해서 수다한 화랑 출신들에게 전쟁에 임해 후퇴란 있을 수 없었다. 김부식은 이런 화랑의 정신을 높이 칭송한다. 김대문金大問의 말을 인용하며 "어진 재상과 충신이 여기에서 나오고 훌륭한 장수와 용감한 군사가 여기에서 양성된다"고 예찬한다. 태종까지의 3대 왕조의 화랑이 무려 2백여 명이나 되었으며 이들은 전장에서 빛나는 이름을 남겼다는 것이다.

우리도 화랑의 정신을 높이 칭송한다. 그들의 뜨거운 조국애와 동지애, 그리고 죽음을 두려워하지 않는 용맹성을 높이 산다. 전쟁의 시대, 이기기 위해서는 필수적인 전법이다. 다른 것은 돌아보거나 성찰하지 않는다. 아니, 판소리『적벽가』의 군사들처럼 '누구를 위한 전쟁인가'를 회의하지 않는다. 사회가 그렇게 이들을 전장으로 몰았다. 이들에게는 어떤 의구심도 없다. 아니『삼국사기』「열전」에 전쟁에 대한 다른 목소리는 아예 없다. 오직 전쟁기계들의 장렬한 전사 장면을 디테일하게 묘사할 뿐이다. 참담하게 죽어가는 현장에서도 의연한 군사들, 오직 적을 이기겠다는 불굴의 정신만을 강조한다. 너를 죽여야 내가 살고, 너를 죽이고 나도 죽겠다는 필승의 투지만이 길이 살아남는 방법이다. 전장에서는 죽지만 이름은 남기는, 아니 이름도 남지 않은 무수한 사람들이 전쟁기계가 되어 죽었다.

물고 물리는 전투는 우리들을 전쟁기계로 내몬다. 이런 현장에서 성찰은 가능한가? 애국심이 아니라 삶에 대해 얘기한다면 벼락 맞을 소리일까? 장자는 그렇게 말했다. 다리 하나 없는 사람이 전쟁에 나가지 않고 나라에서 주는 식량으로 먹고살 수 있으니 얼마나 다행이냐고. 인의仁義라는 이름으로 치르는 전쟁도 무고한 목숨을 앗아갈 뿐이며, 그런 전쟁조차 천하를 소유하겠다는 욕심에서 비롯된 것이라고. 천하를 소유하지 않으면 전쟁은 사라진다는 것. 그런 사회가 진정 모색될 수 있는가?

『삼국사기』에 기록된 위대한 영웅들의 죽음은 우리를 슬프게 한다. 1970, 1980년대에는 그 용맹성에 전율을 느끼고 호국 의지를 불태웠지만, 현재는 그런 맹목을 날카롭게 해부한다. 그렇지만 막상 우리 앞에 던져진 삶이라면 또 어떤 선택이 가능한가? 어쩔 수 없는 삶이지만 전쟁의 상황에서도 죽지 않고 살기 위한 방법을 찾아야 하지 않을까? 살아내는 것, 그것만으로도 위대하다. 신라인들과 우리들은 다르다. 명분이 뚜렷한 전쟁에서도 우리는 외쳐야 한다. 오직 살아야 한다고. 삶을 지속하기 위해 싸우기, 전쟁에 저항하는 길은 그것 외에는 또 없다. 온 지구가 항시적인 전쟁에 직면해 있다고 안토니오 네그리는 말했다. 국지전이든 내전이든 모든 국가들의 이해관계가 얽혀 있는 세계 전쟁. 전장은 멀리 있지만 늘 전쟁하는 삶. 그러나 실감되지 않는 전쟁이다. 죽음을 직면해야 하는 전쟁이라면 우리는 어떻게 깨어 있어야 하는지, 7세기 한반도의 전쟁사는 우리에게 묻는다.

전승의 대가, 부귀공명과 명예

전쟁에서 승리하겠다는 일념은 오직 나라와 민족을 위하겠다는 순수한(?) 마음의 발로인가? 『삼국사기』는 그렇지 않음을 보여 준다. 삼국전쟁의 시기, 신라인들에게 임전무퇴는 충효의 다른 이름이었다. 그리고 하나가 더 있다. 전쟁에서의 공적을 인정받지 못하면 이 또한 충효가 아니다. 전공에 대한 보상은 나를 인정받는 일이다.

　　삼국통일의 위대한 업적을 이루고 76세에 죽은 김유신도 공적에 대한 보상은 제대로 이루어져야 한다고 보았다. 수많은 전투를 승리로 이끌었으니 그가 포획한 전리품과 목을 벤 적들이 얼마나 많았겠는가? 유신이 죽은 이후라도 국가는 그 공로를 잊어서는 안 된다. 혜공왕 때 김유신의 후손이 죽임을 당했다. 이 때문에 김유신의 무덤에서부터 시조대왕의 무덤에까지 자욱하게 안개가 끼고 슬피 울며 탄식하는 소리가 들렸다(『삼국유사』에서는 김유신 귀신이 미추왕 귀신에게 나라를 떠나겠다고 아뢴다). 혜공왕이 사과하고 제를 올리자 가라앉았다고 한다. 죽음도 두려워하지 않고 싸우는 이유는 나라 때문이기도 하지만 가문 누대의 명예 때문이기도 하다. 그것을 간과하면 귀신도 화를 낸다.

　　김유신 장군이 지휘하는 전투에 참여해 공을 세웠던 열기裂起와 구근仇近도 공로를 알아주지 않는 세상을 비판한다. 열기와 구근은 고구려 군사의 장막을 뚫고 소정방에게 기별을 전하는 공로를 이루어 급찬 벼슬에 오르고 여기에 더해 사찬의 품직까지 받았다. 유신의 아들 삼광三光이 정권을 잡았을 때 열기가 그를 찾아가 군수 자리를 달라고 청하였으나 허락하지 않았다. 열기가 지원사祇園寺의 승려 순경順憬에게 말했다. "나의 공로가 큰데 군수를 요구하였으나 주지 않으니 삼광은 그의 아버지가 죽었다 하여 아마 나를 잊어버린 것이겠지?" 순경이 이 말을 삼광에게 전하자 삼광이 열기에게 삼년산군三年山郡의 태수 자리를 내린다. 구근은 원정공元貞公: 김유신의 셋째 아들의 서원술성西原述城을 쌓는 공사에 종사했는데 원정공이 어떤 사람의 말을 듣고서 구근이 일을 게을리 하였다 하여 곤장을 쳤다. 구근이 말하기를 "내 일찍이 열기와 함께 헤아릴 수 없이 위험한 지대에 들어가 대각간의 명령을 욕되지 않게 실행하였으며 대각간도 나를 무능하다고 하지 않고 국사로 대우했는데 지금 뜬 말을 듣고 나에게 죄를 주니 평생에 이보다 더 큰 욕이 없다"고 했다. 원정공이 이 말을 듣고 죽는 날까지 후회하고 부끄러워했다.

열기와 구근의 공명심은 김유신이 죽은 이후에도 사라지지 않는다. 당당하게 군수직을 요구하고, 더럽혀진 명예를 회복하기 위해 상대방을 통렬하게 꾸짖는다. 전쟁의 공로는 인정받아야 마땅하다. 전장의 승리는 부귀와 공명의 다른 말이다. 생사를 오가는 전장에서도 욕망은 살아 있다. 승리하면 부와 직위와 명예가 내려진다.

너무나 유명한 소년 화랑 관창官昌에 대해 살펴보자. 역사적

격전지 '황산벌'에서 백제의 장군 계백과 신라 화랑 관창이 대적한 이야기를 모르는 사람은 없을 것이다.

관창은 곧 말에 올라 창을 비껴들고 바로 적진을 쳐들어가 말을 달리면서 적 두어 명을 죽였다. 그러나 적은 많고 우리 편은 적었기 때문에 적에게 사로잡힌 바 되어 산 채로 백제 원수 계백의 앞으로 끌려갔다. 계백이 투구를 벗겨 보고 그의 어리고 용감한 것을 아깝게 여겨 차마 죽이지를 못했다. 이에 탄식하여 말했다. "신라에는 특출한 사람이 많다. 소년도 이렇거든 하물며 장사들이야 어떻겠는가?" 그냥 살아 돌아갈 것을 허락하였다. 관창이 돌아와서 말하기를 "아까 내가 적진에 들어가서 장수를 베고 깃발을 빼앗지 못한 것을 매우 한스럽게 여기는 바이다, 다시 적진에 들어가면 반드시 성공하리라" 하였다. 손으로 물을 움켜 마시고는 다시 적진에 돌입하여 격렬하게 싸웠는데 계백이 그를 사로잡아 머리를 베어 가지고 그의 말안장에 매어 돌려보냈다.(「관창조」, 「열전」, 『삼국사기』)

우리들 대부분이 알고 있는 바, 그 관창의 이야기이다. 관창은 어린 나이에 적진을 향해 죽기로 뛰어들 정도로 담대하고 겁이 없었다. 백제 장군 계백은 이렇게 어린 소년을 차마 죽일 수 없었다. 우리가 널리 알고 있는 신라의 화랑 관창 이야기는 여기까지이다. 그런데 『삼국사기』 「열전」을 확인한바, 관창을 적진으로 뛰어들게 한 그 뒤에는, '아버지' 품일品日의 격동이 있었던 것이다.

　　관창은 풍채가 잘나서 소년 시기에 화랑이 되었는데 남과 교제
　　를 잘하고 16세에 말타고 활쏘기에 능숙하였다. 어느 대감이 그
　　를 태종대왕에게 천거하였다. 당나라 현경 5년 경신(660)에 왕
　　이 군사를 동원하여 당나라 장군과 함께 백제를 침공했는데 관
　　창으로 부장을 삼았다. 황산벌에 이르러 두 쪽 군사가 맞서게
　　되었는데 그의 아버지 품일이 관창에게 이르기를 "네가 비록
　　나이는 어리나 굳은 의지와 기개가 있구나. 오늘이야말로 공훈
　　을 세워 부귀를 얻을 때이니 어찌 용기를 내지 않겠느냐?" 하니,
　　"그렇게 하오리다." 하였다. …… 품일이 관창의 머리를 잡고 소
　　매로 피를 씻으며 말했다. "내 아들의 얼굴이 산 것과 같구나. 나
　　랏일에 잘 죽었으니 후회할 것 없다." 3군이 이것을 보고 모두
　　격분되어 뜻을 가다듬고 북을 울리고 고함을 치면서 쳐들어가
　　니 백제가 크게 패하였다.(「관창조」, 「열전」, 「삼국사기」)

　　아버지 품일은 관창에게 공훈을 세워 부귀를 얻을 때라고 말
한다. 관창은 이 말을 들은 후 단독으로 적진을 향해 달려든다. 그
리고 머리를 베이지만 신라를 승리로 이끈다. 그가 죽은 뒤, 왕은
관창에게 급찬의 위품을 주고, 예를 갖추어 장사 지내게 했다. 그
가족들에게는 당 명주 30필과 고운 베 30필과 곡식 1백 섬을 부의
로 주었다. 살아서 부귀와 공명을 얻지는 못했지만 이들은 죽음으

로써 집안에 부귀와 영광을 안겨 주었고 이름을 영원히 남길 수 있었다. 충효라는 이름으로 전장에서 용감하게 죽는 일은 집안을 살리는 길이자 집안을 영광으로 이끄는 길이기도 했다. 어린 화랑들은 공명심에 전장에서 사라져 갔다. 길이길이 그 용맹함이 회자되는 것, 죽음도 두려워하지 않고 적과 싸우다 죽었다는 찬사가 이들을 죽음의 길로 이끌었다.

전쟁은 성공을 부추기는 욕망의 장이기도 하다. 집안을 빛내기 위해, 그리고 부귀를 위해 어린 소년들이 전장에서 몸을 버리기를 마다하지 않았다. 어떤 이들은 당나라로 가서 부귀공명을 이루기를 원했다. 설계두薛罽頭는 진골이 아니면 승진이 안 되는 계급 구조 때문에 신라를 벗어나 당나라로 떠났다.

설계두는 신라의 행세하는 집안 자손이다. "신라는 사람 쓰는 데 골품을 운운하여 만일 그 골품에 속한 자가 아니면 아무리 큰 재주와 훌륭한 공로가 있더라도 높이 승진할 수가 없다. 나는 서쪽으로 중국에 유착하여 뛰어난 재주를 발휘하고 비상한 공훈을 세워서 자신의 영화를 누리고자 하는바 예복을 입으며 칼을 차고 천자의 곁에 드나들면 만족할 것이다." 무덕 4년 신사(621)에 계두가 비밀히 배편을 따라 당나라에 갔다. 태종 문황제가 손수 고구려를 정벌하게 되매 그는 자원하여 좌무위과의左武衛果毅가 되었다. 요동에 이르러 주필산 밑에서 고구려 군사와 싸웠는데 적진 깊이 들어가 격렬히 싸우다가 죽었으므로 전공이 1등으로 되었다. 황제가 말하기를 "우리나라 사람은 죽기를 두려워하여 이리저리 보기만 하고 앞으로 나가지 않는데 외국 사람이 우리를 위하여 나랏일로 죽었으니 무엇으로써 그의 공을 갚으랴?" 평소 소원하던 말을 듣고 자기의 옷을 벗어 그를 덮어 주고 벼슬을 주어 대장군을 삼았다.(「설계두조」,「열전」,「삼국사기」)

당 태종이 고구려를 정벌할 때 설계두는 자원하여 싸우다 죽는다. 전공이 1등이라 이름은 남겼지만 당나라 땅에서 영화를 누리지는 못했다. 이름뿐인 영화가 그를 기다렸다. 그의 주검에는 황제의 옷이 덮이고, 대장군의 벼슬이 내려졌다. 영예는 주어졌지만 부귀공명은 누리지 못했다. 그래도 신라를 벗어나 당나라에서 활약하는 것이 훨씬 나은 삶이었을까? 설계두는 그렇다고 말할 것이다. 죽어서라도 그 영광을 누리는 것이 낫다고 말할는지 모른다.

최치원崔致遠은 설계두의 후예이다. 최치원은 무공이 아니라 문예로서 부귀영화를 이루려고 12살에 당나라로 유학 갔다는 사실만 다를 뿐 부귀공명에의 욕망은 설계두도 같았다. 최치원도 당나라에서 이름은 날렸지만 변방인의 설움을 못 이기고 신라로 돌아온다. 국운이 쇠해지는 신라로 돌아왔지만 6두품 최치원에게 계층의 벽은 높기만 했다. 청운의 꿈은 실현되지 않았다. 당나라에서도 신라에서도. 그는 가야산으로 들어가 은거한다. 당나라로 가서 야망은 이루어진 것인가? 설계두는 영광을 누리지도 못하고 죽음을 맞이했고, 최치원은 경계인으로 최후를 마쳤다.

전장에서 크게 공을 세우거나 장렬하게 최후를 맞았던 이들의 모습은 이렇게 제각각이다. 어떤 이는 절개와 의리 때문에, 어떤 이는 공명심에, 어떤 이는 부귀영화를 위해 제각기 죽어 갔다. 어떤 이유의 죽음이든 어떤 병법보다 더 강력한 전법이 되어 신라를 승리로 이끌었다. 『삼국사기』에 기록된 전쟁기계들은 죽음으로써 나라를 지켰고 이름을 남겼다.

『삼국사기』의 전장에서 강렬하게 죽어간 이들의 이야기는 우리에게 전쟁의 파괴력과 공포에 대해 일깨워 준다. 전쟁의 전략과 전술, 승리자와 패배자, 죽은 적병의 숫자를 기술하는 기사에서는 파괴력과 공포가 덜하다. 그러나 용맹하게 내달리는 장수와 병사들의 죽음을 기술한 「열전」은 전쟁의 상흔을 투명하게 보여 준다. 그 죽음을 애도하면서도 한편에서는 이런 마음이 드는 건 어쩔 수 없다. 전쟁에서의 어떤 값진 죽음도 사는 것만은 못하다는…. 전사자에게 부귀공명이 무슨 소용이 있는가 하는…. 전장에서 죽어 간 이들이 신라 통일의 주역이 되었지만, 통일은 누구의 욕망인가 하는 여러 가지 의구심이 차례로 일어난다.

Keyword

07.

삶/윤리

16. 고구려 왕실의 두 여인, 남편을 선택하다

역사책을 읽을 때마다 확인하는 것은 인간사에 규칙은 없다는 것이다. 당대에 통하는 삶의 규칙이나 윤리는 있지만, 역사책 속의 숱한 사건들은 늘 그것들을 배반한다. 우리가 역사책을 읽는 이유는 아마도 인간사의 규칙성 때문이 아니라 어쩌면 그 의외의 반전 때문일지도 모르겠다. 인간에게는 어떤 일이든 일어난다. '어떻게 이런 일이!'가 아니라 늘 그렇듯, 굉장히 놀랍기는 하지만 그렇다고 새삼스럽다고까지 말할 수는 없는 반전이 도처에 도사리고 있는 것이다. 그러니 '어떻게 이런 일이!'를 외치기보다는 그런 일이 어떻게 진행되는지, 그런 사건에 대해 어떻게 대처하느냐를 살펴볼 따름이다.

왕후로 살아남기 : 고국천왕의 왕후, 우씨의 역모

굉장한 반전이라고 하기는 어렵지만, 삼국시대 역사에서는 전혀 볼 수 없는, 그 이후로도 일어나기 어려운 사건을 『삼국사기』의 「고구려 본기」에서 찾아볼 수 있다. 사건의 주인공은 고국천왕의 왕후 우씨于氏. 삼국시대 역사에서 유일무이하게 사건의 중심에 선 왕후이다. 당돌하기 짝이 없는 행동을 했으나, 현재 우리들에게 회자된 적이 없는 여인, 왕후 우씨于氏에 대해 이야기해 보자.

우씨가 사건의 주체가 된 것은 제9대 고국천왕故國川王, 재위 179~197이 죽고 나서이다. 고국천왕이 서거했는데, 우씨는 왕이 죽은 사실을 비밀에 부치고 발표하지 않는다. 고구려는 결혼 풍습으로 형이 죽으면 아우가 형수를 처로 삼았다. 형사취수兄死娶嫂라는 관습상, 고국천왕의 형제가 우씨를 처로 삼는 것이 당연한 수순이었다. 그렇지만 왕위 계승이 누구에게 이어질지는 알 수 없었다. 우씨는 다시 결혼해도 왕후이고 싶었다. 그래서 왕의 죽음을 비밀에 부친 것이다. 물론 형제의 아내가 되는 건 관습이지만, 자신이 남편을 선택해 왕위에 올리는 일은 잘못이다. 그러나 우씨는 왕실에서 정해 준 형제에게 시집가기를 원하지 않았다. 우씨는 왕의 아내이기를 원했다. 그러자면 남편이 왕이 되어야만 했다. 급기야 우씨는 자신이 직접 왕을 세우기 위한 행동에 돌입한다.

고국천왕은 장자가 아니었다. 고국천왕에게는 형이 있었다. 그 형의 이름은 발기拔奇. 어질지 못하다는 이유로 왕위에 오르지 못하고 동생인 고국천왕에게 왕위가 넘어갔던 것이다. 우씨는 고국천왕의 형인 발기에게 먼저 찾아갔다. 우씨는 밤중에 형 발기에게 찾아 가서 고국천왕의 뒤를 이어 왕이 되라고 권한다. 발기는 우씨의 시험에 넘어가지 않는다. 발기는 "하늘이 마련한 운수는 돌아갈 때가 있으니 함부로 논의할 수 없다"고 하며, 오히려 부녀자가 밤길을 함부로 다닌다고 꾸짖기까지 한다. 그리하여 발기는 왕이 되지 못했다.

그 다음 우씨는 고국천왕의 아우 연우延優에게 찾아간다. 아우 연우는 발기와는 사뭇 다르게 왕후를 맞이한다. 연우는 잔치도 베풀며 고기를 친히 잘라 우씨에게 대접했다. 연우가 고기를 자르다 손을 베자 우씨는 자신의 치마끈을 풀어 감아 준다. 우씨와 연우가 은밀히 통한 것이다. 우씨와 연우의 공모는 성공한다. 우씨는 선왕이 아우 연우에게 왕위를 물려주라 했다고 거짓 유명을 조정에 고한다. 그리하여 연우는 왕이 되었고, 우씨는 다시 왕후가 된다. 이 연우가 바로 고국천왕의 뒤를 이은 산상왕山上王, 재위 197~237이다.

물론 우씨의 반란이 조용히 마무리된 것은 아니었다. 발기는 장자였음에도 어질지 못하다는 이유로 고국천왕에게 왕위를 넘겨줄 수밖에 없었다. 그리고 왕이 될 기회가 다시 찾아 왔으나 우씨의 제안을 거절하여 아우 연우에게 밀리는 신세가 되고 말았다. 발기는 이번에는 그대로 물러나지 않았다. 연나라 군사까지 끌어들여 반역을 기도했으나 역부족이었다. 사태는 불리했다. 운수는 하늘이 정하는 법, 발기는 또 다른 동생 계수罽須에게 진압되는 처참

한 상황에 이른다. 발기는 반란의 실패로 자살을 하고 만다. 고국천왕에 비해 인품이 떨어져서 왕이 될 수 없었고, 연우에 비하면 기미를 읽는 능력이 떨어져서 왕이 될 수 없었다. 동생 계수도 연우 편에 선 것을 보면, 발기는 자기 편 사람도 부족했던 것 같다. 자질도 안 되고, 기미도 포착할 줄 모르고, 사람도 얻지 못한 발기였기에 아무리 왕위 서열 1순위라 해도 왕이 될 수는 없었다.

우씨는 산상왕의 뒤를 이은 동천왕東川王, 재위 227~248 시대까지 살았다. 왕태후가 되어 죽음을 맞이하면서 우씨는 유언을 내린다. "내가 행실을 잘못 가졌으니 무슨 면목으로 지하에서 국양왕국국천왕을 보겠느냐? 만일 여러 신하들이 나의 시체를 구렁텅이에 버리지 못하겠거늘 나를 산상왕릉 옆에 장사지내 달라." 동천왕 8년(234) 가을 9월 태후 우씨가 죽었다. 신하들은 우씨의 유언대로 왕태후를 산상왕릉 옆에 묻었다.

우씨의 유언을 보면 다소 혼란스럽다. 진짜 고국천왕에게 면목이 없었던 것일까 의문이 든다. 면목이 없어서 고국천왕 옆에 못 묻힌 것이 아니라 진정한 속마음은 산상왕 옆에 묻히고 싶었던 것이 아닐까? 선왕의 유언이라고 속여서 왕을 세운 잘못은 인정하지만, 전남편을 따르고 싶은 마음은 전혀 읽히지 않는다.

우씨의 기사에 덧붙은 무당의 이야기에 의거하면 우씨의 마음을 확실하게 가늠할 수 있다. 고국천왕의 귀신이 무당에게 와서 자신의 분노를 전했던 것이다. 무당이 전한 바, 고국천왕 귀신의 뜻은 이러했다. "어제 우씨가 산상왕에게 가는 것을 보고 분함을 이기지 못해 드디어 우씨와 더불어 싸웠다. 낯이 뜨거워 나라 사람들을 볼 수 없다. 네가 조정에 말해 가리게 하라." 그리하여 신하들은 고국천왕의 능 앞에 소나무를 일곱 겹으로 심었다.

무당의 전언을 보건대, 우씨는 분명 아주 자발적으로 산상왕 옆에 묻히기를 희망했다. 아마도 자신이 선택한 남편, 산상왕에게 마음이 갔던 것 같다. 그리하여 귀신 우씨가 산상왕릉으로 걸어가자 급기야는 고국천왕이 폭발하고 만 것이다. 산상왕을 남편으로 선택한 우씨, 그리고 그 왕 옆에 묻힌 우씨의 마음. 참으로 자신의 감정과 의지에 충실한 우씨에 대한 고국천왕의 분노가 이해 안 되는 바는 아니다. 한편, 이에 질세라 고국천왕에 맞서 싸우며 자신의 뜻을 관철하는 우씨, 당당하기 짝이 없다.

왕이 될 수는 없었지만 왕후의 자리는 지키고 싶었던 우씨. 우씨가 왕이 되려면 한고조 유방의 부인 여태후만큼의 세력과 권력이 있어야 했지만, 우씨는 그렇게 할 수는 없었기에 자신의 손으로 남편을 선택하고 그를 왕으로 세웠던 것이다. 우씨는 그렇게 조용히 반란을 일으켰던 것이다. 그리고 왕실의 사람들을 자기 편으로 만들어 발기의 반란도 제압하고, 연우를 추대하여 왕의 자리에 앉히고 왕후의 자리를 쟁취했던 것이다. 고구려 왕실에서 이런 일은 다시 찾기 어렵다. 오직 한 여인, 우씨만이 자신의 미래를 위해 형사취수의 관습 안에서 남편을 선택하고 그를 왕으로 세우는 모험을 감행했던 것이다.

결혼은 내 마음대로 : 평강왕의 딸, 온달을 선택하다

『삼국사기』「열전」에서 가장 유명한 이야기는 '온달전'이다. '현처우부'賢妻愚夫의 전형으로 일컬어지는 '바보 온달' 이야기는 동화로, 혹은 남자를 성공시키는 능력 있는 여성들의 신드롬으로 회자된다. 온달 이야기는 '남성의 성공은 곧 여성의 성공'이라는 등식을 유포하며 여성의 내조를 강조하는 이야기로 우리의 뇌리에 콕 박혀 있다. 그야말로 평강왕평원왕(平原王), 재위 559~590의 딸은 '내조의 여왕'의 원조이다. 부자에 능력 있는 여성을 만나 금시발복, 입신출세하는 남성들의 꿈이 노골적으로 드러나는 해석이라고 할까?

　『삼국사기』의 '온달전'을 다시 읽어 보자. 꼼꼼하게 읽어 보면 강조점이 다르다. 19세기의 대학자 김택영金澤榮은 '온달전'을 조선 오천 년 이래 최고의 명문장 중 한 편으로 꼽은 바 있다. 문체도 문체지만 그 내용은 우리가 알고 있는 바, 환상적인 동화 이야기는 아니다. 얼핏 읽으면 부인을 잘 만나 성공한 남자 이야기인 듯하다. 사실 많은 사람들이 '온달전'을 가난하고 신분도 낮고 바보스런 남자가 신분 높고 돈 많고 똑똑한 여인을 만나 성공한 이야기로 읽는다. 물론 왕실의 공주를 만나 온달은 장군으로 성공했다. 그러나 '온달전'에서 보여 주는 핵심은 여기에 있지 않다. 주인공은 온달이지만, 이야기 속의 실제 주인공은 평강왕의 공주이다. 공주가 왕실의 결혼 규칙을 깨고 나와 스스로 남편을 선택한 이야기이다.

온달은 액면 그대로 바보가 아니다. 온달은 가난하지만 이미 유명했다. 왕의 귀에 들어갈 정도로 유명했다. 온달은 용모는 여위고 옷이 허름하여 우습게 보였으나 마음은 순박한 사람으로 묘사된다. 어머니를 봉양하는 착한 아들에 마음은 순수한 사람이지만, 허름한 옷차림으로 길거리에서 구걸하였기 때문에 사람들이 우습게 보고 바보라 불렀던 것이다. 그러나 마음이 순박하다는 것은 본바탕 그대로를 지니고 있는 매우 순수한 청년이라는 의미이다. 가난이나 구걸에도 흔들리지 않고 본바탕을 지니고 있다면 온달 또한 매우 능력이 뛰어난 청년이었음에 틀림없다. 공주는 온달의 품성을 일찌감치 알아본 모양이다.

문제는 왕의 딸이 울보라는 것. 울보 공주가 의미하는 건 무엇일까? 공주는 불만이 많은 소녀이다. 시도 때도 없이 운다. 궁중 생활에 대한 불만족, 채워지지 않는 욕구가 울음으로 표현된 것으로 보인다. 이런 딸에게 왕은 "그렇게 울면 사대부의 처가 될 수 없고 바보 온달의 처가 될 수밖에 없다"고 말한다. 왕은 매번 이렇게 말했다.

불만 많은 소녀가 16세의 여인으로 성장한다. 왕은 공주를 고구려의 귀족가문 고씨에게 시집보내려 한다. 그런데 공주가 고씨에게 시집가라는 왕의 말을 거역한 것이다. 공주는 시집가라는 아버지의 명령을 거절할 뿐만 아니라, 왕이 신의를 지키지 않는다고 따지기까지 한다. 어릴 때 온달에게 시집가라고 하더니 어찌하여 왕이 그 언약을 지키지 않느냐는 것이다.

필부도 자신이 한 말을 지킨다. 그러니 지존至尊이신 왕이 식언을 하지 않는 것은 원칙이다. 지존에게 농담이란 있을 수 없다. 그러므로 일단 뱉은 말은 지켜야 한다고 당당하게 주장한다. 이 지점이 결정적으로 중요하다. 공주가 온달에게 시집가기 위해 '왕에게 희언이란 없다'를 물고 늘어질 수 있었던 것은 '말'을 절대적으로 신뢰했던 고대사회의 윤리가 작용했기 때문이리라. 내뱉은 말은 반드시 지켜져야 한다. 행동하지 않는 말은 허언이자 식언이다. 고대인들에게 가장 중요한 윤리는 바로 '신의'였다.

사실 공주가 이렇게 왕에게 따진 것은 왕실의 법도대로 살고 싶지 않았기 때문이다. 공주는 궁중에 불만이 많았다. 아버지의 명령에 따라 살기보다 자신의 인생을 자신이 주도하고 싶었던 것이다. 그야말로 주체적인 삶을 원했던 것이다. 공주가 울보가 된 까닭은 이 때문이다. 주체적인 삶의 첫 관문이 바로 결혼. 공주는 혼사가 정해지자 완강하게 저항한 것이다. 왕실에서 정해 준 귀족의 처가 아니라 마음이 맞는 사람의 처로 살기 위해 왕의 명령을 거역할 수밖에 없었던 것. 가난하여 추레하지만 마음만은 올곧고 순수한 온달은 공주가 배필로 맞이하고 싶었던 짝이다. 적어도 정해 준 대로가 아니라 내 마음 가는 대로 살고 싶었던 공주는 결국 궁실에서 쫓겨난다.

이야기 전개를 보면 쫓겨난 것이지만, 공주는 궁궐에서의 탈출을 준비한 것처럼 보인다. 공주는 진귀한 금은 팔걸이 수십 개를 손목에 걸고서 대궐문을 나와 홀로 걸었다. 루쉰이 말한 바 있지 않은가. 노라가 집에서 독립하려면, 적어도 생활을 뒷받침할 든든한 돈가방 하나가 준비되어야 한다고. 그렇지 않으면 다시 집으로 돌아가거나, 타락하여 노리개나 노예가 될 수밖에 없다고. 공주는 한 치의 망설임도 없이 독립해서 살 수 있는 재물을 준비하여 나왔던 것이다.

궁궐에서 나온 공주는 곧바로 온달의 집으로 찾아간다. 가난하고 신분 낮은 온달과 그 어머니는 공주를 받아들일 수 없다. 귀신이나 여우가 아닌 다음에야 이렇게 살결이 희고 고우며, 향기 나는 여인이 이런 미천한 집에 와서 살겠다고 할 리가 만무하지 않은가. 그러나 공주는 굽히지 않는다. 공주가 온달을 만나 한 말은 바로 동심同心이다. "예전 사람이 말하기를 한 말의 곡식도 찧어서 함께 먹을 수 있고 한 자의 베도 기워서 같이 입을 수 있다 하였으니 만일 마음만 맞는다고 하면 어찌 꼭 부유하고 고귀해야만 같이 살겠습니까?"(古人言, 一斗粟猶可春, 一尺布猶可縫, 則苟爲同心, 何必當貴, 然後可共乎)

평강왕의 딸이 온달을 찾아온 것은 그런 믿음 때문이다. 공주에게 부부는 신분이나 재산에 의해 맺어지는 관계가 아니라 마음이 합해져야 하는 관계이다. 공주는 온달이 그런 사람이라고 생각했다. 공주는 온달을 만남으로써 서로 믿어 주는 관계, 신의가 있는 부부로서 맺어지고 싶다는 발원을 이루게 된다. 그야말로 동지同志가 될 수 있는 남편을 찾은 것이다.

뜻이 맞은 공주와 온달. 공주의 지혜로 온달은 재능을 발휘하게 된다. 공주는 온달을 신뢰하고 온달은 공주를 신뢰한다. 공주의 재물은 생활의 기반이 되지만, 재물만으로 온달의 재능이 발휘되는 것은 아니다. 온달이 공주의 말을 믿고 따르며, 더불어 능력을 발휘하기 위해 노력하지 않으면 성공하기 힘들다. 공주는 재물과 지혜를, 온달은 그에 대한 전폭적인 신뢰와 노력을 보여 준다.

공주는 궁에서 가지고 나온 보석을 팔아서 집안을 일으키고, 온달에게 좋은 말을 사오게 하여 그 말을 준마로 길러 낸다. 처음 말을 살 때에 공주가 온달에게 말하기를 "부디 저자 사람의 말을 사지 말고 나랏말[國馬]로서 병들고 수척하여 버리게 된 것을 고른 다음 값을 치러야 한다" 하니 온달이 그 말을 따랐다. 공주는 값싸고 좋은 말을 정성스럽게 길렀고, 온달은 이 말을 타고 사냥 기술을 연마했다. 온달은 이 말을 끌고 사냥에 나아가 장수로 성장한다. 장수가 된 온달은 혁혁한 공을 이룬다. 부모의 나라 고구려를 위해 몸을 바치는 장수로 성공한 것이다. 왕은 온달이 뛰어난 장수로 성장하자 사위로 인정한다. 온달의 성공은 궁중을 탈출하여 주체적으로 결혼한 공주의 성공에 다름 아니다.

우리가 주목했던 온달 이야기의 정점은 바로 이 부분이다. 정작 온달을 입전한 김부식은 공주의 결단을 더 강조하고 있는데, 우리들은 바보 같고 가난한 온달의 성공 신화에 눈길을 준다. 사실 이 이야기는 공주의 성공이자 온달의 성공이기도 하다. 공주는 결혼 생활을 아주 주체적으로 독립적으로 이끌고 있다. 온달도 벼락 출세한 것이 아니다. 공주 덕분에 능력을 키울 수 있었지만 사냥에서 발군의 실력을 드러낸 것은 온달 스스로의 힘이다. 서로를 믿어주고 끌어주는 관계. 그것이 공주가 꿈꾼 생활 아니었을까? 내가 모든 것을 갖추었는데도 다 갖춘 남자를 만나기 위해 노심초사하는 현대의 '독립적'이라고 하는 여성들과 사뭇 다른 결혼관을 가지고 있지 않은가? 결혼에서 중요한 것은 사랑도 사랑이지만, 마음을 함께할 수 있는가, 즉 뜻을 함께 할 수 있느냐는 것. 공주와 온달을 맺어 준 열쇠는 바로 이것이었다.

그래서 '온달전'의 이야기는 여기서 끝이 아니다. 온달은 공주에게 신라에 빼앗긴 고구려의 땅을 찾아 돌아오겠다는 맹세를 하고 아단성 전투에 참여한다. 땅을 되찾지 못하면 돌아오지 않겠다는 굳은 맹세를 던지고 전투에 나아간다. 그러나 온달은 신라군사와 싸우다 화살에 맞아 죽는다. 공주와의 약속을 지키지 못한 것이다. 약속을 지키지 못했기에 공주 곁으로 갈 수 없었던 온달의 관은 움직이지 않는다. 공주가 '생사는 결정되었으니 돌아가시라'고 서약을 풀어 준 뒤에야 관이 움직였다.

자신이 뱉은 말에 대한 책임, 신의가 온달을 움직이는 윤리였다. 공주를 떠나지 못해서 관이 요지부동한 것이 아니다. 전쟁터에 나서기 전 공주와 했던 약속을 지키지 못하고 돌아온 데 대한 책임 때문에 관이 움직이지 않은 것이다. 공주가 그 약속을 풀어 주자 비로소 온달은 떠날 수 있었다. 평강왕의 공주는 마음을 나눌 사람을 남편으로 선택했고, 온달은 그런 부인을 위해 죽은 뒤까지 믿음을 지켰다.

고구려 왕실의 두 여인, 왕후 우씨와 평강왕의 공주는 어찌 보면 살고 싶은 대로 살았던 여성들이다. 왕후로 살아가기를 원한 우씨는 남편을 선택해 왕으로 만들었고, 자기 마음껏 살고 싶었던 평강왕의 공주는 왕실을 탈출하여 신분을 뛰어넘는 결혼을 쟁취했다. 그리고 마지막까지 자신이 선택한 사람에 대해 믿음을 다했다. 왕후 우씨는 자신이 선택한 남편 산상왕의 능 옆에 묻혔고, 평강왕의 공주는 약속의 땅을 차마 떠나지 못한 온달의 시신을 풀어 주었다. 참으로 보기 드문, 그리고 참으로 독특한 여인 두 명이「고구려 본기」와「열전」에 남아, 우리들에게 인생의 반전을 고민하게 한다. 우리들은 무엇을 위한, 무엇에 대한 전복을 꿈꾸는가?

17. 윤리 위의 윤리 : 언약과 맹서의 미학

윤리 위의 윤리, 신(信)

'온달전'의 처음부터 끝까지를 일관하는 윤리는 '신'이다. 말은 지켜져야 한다는 것. 부모와 자식 사이에도, 부부 사이에도 가장 중요한 것은 내뱉은 말을 지키는 것이다. 말은 행해져야 하지, 허공에 떠돌게 해서는 안 된다. 『논어』에서도 "행위는 민첩하게 하고, 말에는 신의가 있어야 하며", "행위를 먼저 하고, 말이 뒤따라야 한다"고 했다. 무엇보다 실천이 우선이다. 언약도 맹세도 지켜지기 위한 것이다. 그래서 말에서는 신의가 가장 중요하다. 친구 사이에만 기초한 윤리가 신의가 아니라 모든 인간관계는 신의에 기초한다. 고대사회에서는 공증을 받지 않아도 말 자체가 공증이 된다. 그러니 말이 지켜지지 않는다면 목숨을 걸고 필사적으로 싸워야 한다. 언약과 맹세가 지켜지지 않으면 전쟁은 시작된다.

이렇듯 말은 함부로 하면 안 된다. 약속된 말이 지켜져야 한다는 건 고대사회의 절대적 윤리이다. 『삼국사기』를 넘어 『삼국유사』에서도 말은 상대에게 전해지는 순간 그대로 지켜야 한다는 것을 볼 수 있다. 오늘날처럼 보증이나 다른 공증을 동원할 필요가 없었다. 일례로 신라 25대 진지대왕眞智大王, 재위 576~579의 일이다. 진지대왕은 음란하고 정사에 소홀하여 일찍 쫓겨나 죽임을 당했다. 이런 왕에게 내건 언약도 지켜져야 한다.

제25대 사륜왕의 시호는 진지대왕. 대건 8년 병신(576)에 즉위했다. 나라를 4년 동안 다스렸는데 정치가 어지러운 데다 음란한 짓에만 빠졌다. 나라 사람들이 그를 내쫓았다.

이보다 앞서 사량부 민간에 자태와 얼굴이 아름다운 여자가 있었는데 당시 사람들이 도화랑이라고 불렀다. 왕이 소문을 듣고 궁중으로 불러들여 사랑하려고 하자 여자가 말했다.

"여자가 지켜야 할 것은 두 남편을 섬기지 않는 것입니다. 비록 만승천자의 위엄으로도 남편이 있는데 다른 남자에게 가게 하지는 못할 것입니다."

왕이 말했다. "죽이겠다면 어쩌겠느냐?"

여자가 말했다. "차라리 저자에서 죽음을 당할지언정 다른 남자를 따르지는 않겠습니다."

왕이 장난삼아 말했다. "네 남편이 없으면 되겠느냐?"

"그러면 괜찮습니다."

왕이 그를 놓아 보냈다. 그해에 왕이 쫓겨나 죽었다. 2년 뒤 도화랑의 남편도 역시 죽었다.

열흘 뒤 별안간 밤중에 왕이 생시와 같은 모습으로 여자의 방에 와서 말했다. "네가 예전에 허락한 적이 있었는데, 이제 네 남편이 없어졌으니 괜찮겠지?"

여자가 가볍게 허락하지 않고 부모에게 알렸더니 부모가 말했다. "임금의 명령을 어찌 피할 수 있겠느냐?"

딸을 방으로 들여보내 이레 동안 모시게 했는데, 늘 오색 구름이 집을 덮고 향기가 방안에 가득했다. 이레 뒤에 왕이 별안간 사라졌다. 여자는 곧 임신했는데 달이 차서 해산하려고 하자 천지가 진동했다. 한 사내 아이를 낳았는데 이름을 비형鼻荊이라고 했다. 진평대왕이 그 이상한 소문을 듣고 궁중에 데려다 길렀다.('도화녀와 비형랑', 「기이」 『삼국유사』)

진지대왕은 살았을 때 남편이 있는 도화랑을 **빼앗으려** 했으나, 뜻대로 하지 못했다. 도화랑은 두 남편을 따르지 않는 것이 부인의 도리라고 말한다. 그러나 남편이 죽으면 왕을 따르겠다고 말한다. 왕이 죽었고 도화랑의 남편도 2년 뒤에 죽는다. 진지대왕은 귀신이 되어 도화랑에게 나타난다. 언약을 실행하라고 귀신이 되어 나타난 것이다. 훌륭하지는 않은 왕이지만 약속은 지켜져야 한다는 윤리를 죽어서도 보여 주고 있다. 도화랑은 부모와 상의하여 왕을 모신다. 그리고 그 사이에서 비형랑이라는 아들을 낳는다.

이 일화는 진지왕의 음란함을 강조하고 있지는 않다. 이 이야기의 핵심은 '남편이 죽으면 왕을 모시겠다'는 도화랑의 말을 잊지 않고 기어코 실행에 옮긴 왕의 행위에 있다. 남편이 살아 있을 때는 목숨을 걸고라도 다른 남자를 따르지 않지만, 남편이 죽으면 따를 수 있다. 부부로 맺어진 한 신의를 지켜야 한다. 그러나 한쪽이 죽으면 다른 관계를 맺는다. 고대사회에서 재가는 당연한 것이기에 남편이 죽자 왕을 받아들이는 도화랑의 행위는 부부윤리에 전혀 어긋나지 않는다. 재가는 생존의 문제이다. 부부로 맺어지지 않으면 생계를 이어가기 힘들다. 죽은 후 다른 배우자를 얻는 일은 부부의 신의에 어긋나는 행위가 아니다.

그보다 더 의미심장한 것은 '어떤 말도 지켜져야 한다'는 사고방식이다. 도화랑은 왕이 일방적으로 강요해서 나온 발언임에도 '남편이 죽으면 왕을 따를 수 있다'는 말을 실행한다. 남편이 살아 있을 때는 도화랑도 물러서지 않았다. 저자에서 죽임을 당할지언정 남편을 두고 다른 남자를 따르지 않겠다는 것은 조선시대의 불경이부不更二夫와는 다른 윤리에 기초한다. 조선시대 사대부가의 여성들이 오직 한 남편을 위해 절개를 지켰다면, 삼국시대의 부부는 믿음에 기초한다. 살아 있을 때, 부부로 맺은 약속을 깨지 않겠다는 윤리에 기초한 것이다.

강수와 설씨녀의 약속 지키기!

신의의 윤리는 여성들만의 윤리가 아니라 모든 인간관계 위에 놓여 있다. 남성들도 마찬가지이다. 문장에 뛰어난 강수強首 선생은 부모의 반대에도 불구하고 가난하고 미천한 부인에 대해 의리를 저버리지 않는다.

강수가 일찍이 부곡에 있던 대장장이 집 딸과 야합하여 정이 매우 두터웠다. 그의 나이 20세가 되매, 부모가 읍내의 여자로서 얼굴과 행실이 좋은 자를 가려 장가를 들이려 하니 강수가 두 번 장가들 수 없다고 거절하였다. 아버지가 성을 내어 말하기를 "네가 지금 명망이 있어서 세상 사람들이 다 알고 있는데. 미천한 자로써 배필을 삼는다면 역시 수치가 아니겠는가?" 하니 강수가 공손히 절하며 말했다.

"사람이 가난하고 천한 것을 부끄러워할 것이 아니라 도리를 배우고 실천하지 않는 것이 정말 부끄러운 것입니다. 일찍이 듣건대 옛날 사람의 말에 이르기를 고생을 같이하던 아내는 홀대하지 못하고 가난하고 미천할 때에 사귄 친구는 잊을 수 없다 하였으니 이 미천한 여자를 차마 버릴 수는 없습니다."

…… 강수는 언제나 생계에 관심을 두지 않고 집이 가난하여도 늘 만족하게 여겼다. 왕이 관리에게 명하여 해마다 신성에서 받는 벼 1백 섬씩을 주게 하였다.

신문대왕 때에 이르러 강수가 죽으매, 장사에 관한 비용을 나라에서 당하여 주었다. 부의로 준 옷과 피륙들이 특별히 많았으나 집안사람들은 그것을 사사로이 차지하지 않고 모두 불공하는 데 돌렸다. 그의 아내가 먹을 것이 없어서 고향으로 돌아가려 하므로 대신이 이 말을 듣고 왕에게 청하여 벼 1백 섬을 주었더니 그 아내가 사양하여 말하기를 "내가 천한 몸으로 남편을 따라 입고 먹었기 때문에 나라의 은혜를 입은 것이 많았다. 지금은 홀로 되었거니 어찌 나라의 후한 대우를 다시 받을 수 있겠느냐?" 하고 끝내 받지 않은 채 고향으로 돌아갔다.(「강수조」, 「열전」, 「삼국사기」)

강수는 대장장이 딸과 야합하여 부부가 되었는데, 강수의 부모는 미천한 여인을 배필로 삼으면 수치스럽다고 다른 데 장가들 것을 강요한다. 이에 대해 강수는 가난하고 천한 것이 부끄러운 게 아니라, 도리[信]를 저버리는 일이 부끄럽다고 부모에게 말한다. 강수는 함께 고생한 아내는 홀대하지 못하고, 미천할 때 사귄 친구는 잊을 수 없다고 하며 대장장이 딸과의 결혼을 주장한다. 부부의 관계나 친구의 관계는 신의가 중요한 것이다.

강수와 대장장이 딸이 관계 맺는 방식 또한 평강왕의 공주와 온달 사이에 통하는 동지의식에 버금간다. 뜻이 맞아 부부로 맺어지고, 부인도 남편의 뜻을 존중한다. 그래서 남편과의 관계에서도 독립적이다. 남편이 죽자 나라에서 주는 그 어떤 혜택도 거절한다.

부인은 강수와 산 덕분에 신분에 넘치게 은혜를 받았다고 하며 고향으로 떠난다. 강수의 부인은 가난과 미천한 처지를 부끄러워하지 않는다. 부인은 자기 신분에 대해서도 당당하다. 평생 가난을 달게 여기며 살았던 강수의 뜻을 저버리지 않으면서 남편의 지위를 이용하지 않고 독립적으로 행동한다. 강수나 그의 부인이나 가난과 미천함을 전혀 부끄러워하지 않았던 것이다. 동지로 맺어진 부부는 끝까지 신의를 지켜 간다. 서로의 뜻이 꺾이지 않게 상생相生하는 관계를 유지하면서 살아간다.

『삼국사기』「열전」의 '설씨녀'薛氏女를 보자. 설씨녀는 율리 백성의 딸이다. 진평왕 때 설씨녀의 아버지가 정곡에서 추기 방위 사업에 당번을 서게 된다. 그녀의 아버지 설씨는 연로한 데다 병이 들어서 멀리 가기 어려웠다. 또 여자의 몸으로 아비를 모시고 갈 수도 없어 내심 고민이 깊었다.

그때 사량부에 사는 소년 가실嘉實이 가난하고 곤궁했으나 지조가 고상한 미혼 총각이었다. 일찍이 설씨녀를 흠모했으나 말을 못하다가 설씨녀의 고민을 듣고 그 아버지의 병역을 대신하겠노라고 자청한다. 설씨녀의 아버지는 병역을 대신해 주는 은혜에 보답하기 위해 딸을 아내로 삼게 해주겠다고 약속한다. 가실이 혼인 날짜 잡기를 청하자 그 아버지는 당번이 교대되어 돌아온 뒤에 날을 가려 혼례를 치르자고 한다. 그러고는 거울을 가져다 반쪽씩 나누어 신표로 삼고, 가실은 자신의 말을 설씨녀에게 주고 떠난다.

그런데 나라에서 어떤 사고가 생겨 가실은 3년의 교대 기간을 넘겨 6년이 되었는데도 돌아오지 못했다. 설씨녀의 아버지는 3년을 기한으로 했는데 6년이 되도록 돌아오지 못하니, 딸에게 다른 집으로 시집가라고 권한다. 아버지의 입장에서 딸을 노처녀로 만들 수 없었을 터, 몰래 한 마을의 다른 사람과 약혼하고 혼인날을 정한다. 그렇지만 설씨녀는 아버지의 뜻을 따를 수 없었다.

아비는 6년을 기다렸으니 가실의 은혜에 대해 충분한 보답이 되었다고 생각한 것이다. 그러나 설씨녀는 달랐다. 애초에 설씨녀는 가실을 좋아하지 않았다. 설씨녀는 아비의 몸을 편하게 하기 위해 어쩔 수 없이 가실과 약혼한 것이다. 비록 그럴지라도 설씨녀는 가실을 배신할 수 없었다. 설씨녀가 보기에 가실은 자신의 말을 믿었기 때문에 여러 해 동안의 군복무를 버텨 내고 있으며, 적과 대치한 국경에서 자칫 죽을 수도 있는 그 위험한 상황을 견디고 있는 것이다. 자신의 아버지를 대신하여 고초를 겪으면서 돌아오지 못하는데 그 약속을 저버린다는 것은, 설씨녀에겐 인간으로서 차마 할 수 없는 일이었다. 설씨녀는 아버지가 정한 혼인을 거절하고 도망가려 했지만 실패하고 만다.

물론 설씨녀의 결말은 해피엔딩이다. 수척하고 남루한 몰골의 가실이 교대되어 돌아온 것이다. 집안사람들조차 가실인지 알아보지 못할 정도였으니 그 고생을 말해 무엇하겠는가? 가실은 신표로 삼은 반쪽 거울로 자신이 약혼자임을 증명하고, 마침내 설씨녀와 혼례를 치르고 백년해로한다.

가실을 향한 설씨녀의 굳은 마음은 조선시대 열녀들의 절개와는 그 성격이 다르다. 조선시대 여인들은 불경이부^{不更二夫} 혹은 일부종사라는 도덕 속에서 일편단심의 절개를 증명해야 했다. 설씨녀가 지키려 한 것은 일편단심의 절개가 아니다. 설씨녀의 행위는 가실의 믿음에 대한 응답이었다. 위험을 무릅쓰고 약속을 이행한 가실에 대한 최소한의 도리는 설씨녀 또한 믿음을 저버리지 않는 것이었다.

김부식은 강수와 설씨녀의 이야기를 통해 언약의 윤리적 미학을 말하고 있다. 여성에게 강요된 일방적 수절이 아니라 윤리 위의 윤리, '말'^[言]의 필연으로서의 실행력에 대해 말하고 있는 것이다. 부부라는 인연의 초석 또한 믿음이며, 부부의 관계에서 가장 중요한 제일의적 윤리 또한 '신의'임을 강수와 설씨녀의 열전은 웅변하고 있다.

18. 이해할 수 없는 고대의 윤리!

안길과 차득공의 기묘한 관계

삼국시대 '신의'가 어떤 것보다 상위의 윤리였음에 주목한 것은 김부식만이 아니었다. 일연도 '신의'라는 상위의 윤리를 주시했다. 『삼국유사』에는 오늘날의 윤리로는 도저히 납득하기 어려운 상황이 기술된다. 그중 하나가 차득공車得公에 관한 이야기이다. 차득공은 문무왕文武王의 이복동생이다, 왕은 차득공을 재상으로 기용하고자 했다. 차득공은 재상이 되기 전에 은밀히 민생을 살피겠다며 전국을 떠도는데, 민간 부역의 과중함과 세금의 경중, 관리의 청탁 여부를 살핀 뒤 재상에 올라 나라를 다스리고자 했던 것이다. 왕이 윤허했고, 차득공은 검은 빛깔의 승복을 입고 비파를 멘 거사 차림을 하고서 서울을 떠났다. 여러 고을을 거쳐 무진주에 이르러 동네를 순행하는데, 그 고을의 아전 안길安吉이 차득공을 보고 이인人임을 알아보고는 집으로 맞이해 정성껏 음식을 대접했다.

밤이 되어 안길은 자기 처와 첩 둘, 세 사람을 불러놓고 제안했다. 거사 손님을 모시고 자는 사람과 종신토록 해로하겠노라고. 두 아내는 어찌 다른 남자와 같이 잘 수 있겠느냐고 거부했으나, 한 아내는 그 제안을 받아들였다. 우리의 윤리에 의하면 분명 단죄감이지만 정작 일연은 부인에게 낯선 남자를 수청 들게 하는 행동에 아무런 비판도 하지 않는다.

신라에 왜 이런 풍습이 남아 있었는지는 알 수 없다. 다만 안길만의 특이한 손님 접대 방식은 아니었을 것이다. 보편적이지는 않지만 전해져 오는 신라의 풍습에 의거해 이런 제안을 했을 것이다. 티베트에도 자기 아내에게 손님을 모시도록 하는 풍습이 있었다고 한다. 족혼의 폐쇄성을 티베트는 이런 방식으로 해소했다고 한다. 이것은 종족을 살리는 일종의 삶의 기술이었던 것이다. 물론 이런 삶의 기술은 그 사회에서는 결코 이상하지 않지만 일부일처제의 우리에게는 기묘하기 짝이 없는 윤리이다. 그러나 따져 보면 풍습 자체에 선악시비가 있을 수 없다. 그때 그 공간에서만 필요한 삶의 기술, 그것이 윤리가 아닐까?

일연이 중요시 한 것은 이런 극진한 대접을 받은 차득공이 그 은혜에 보답했다는 사실이다. 안길은 궁궐에 사는 차득공을 찾아갔고, 차득공은 자신의 부인을 불러내어 안길과 함께 잔치를 베풀어 준다. 차득공의 답례는 잔치를 베푸는 데서 그치지 않았다. 자신을 알아봐 준 안길을 왕에게 아뢰었고, 그 결과 안길은 무진주

성부산 아래의 땅을 하사받는다.

일연은 신의를 지킨 차득공을 주목했지, 손님 접대를 위해 부인을 제공하는 풍속 자체는 문제 삼지 않았다. 아마도 신라 문무왕 시절까지만 해도 귀한 손님에게 부인을 제공하는 풍속이 남아 있었음에 틀림없다. 역사는 우리에게 늘 놀라움을 던져 준다. 현재의 시선으로 보면 용납되지 않지만, 고대에는 전혀 이상하게 보이지 않는 윤리들. 차득공이 안길에게 보답을 하지 않았다면 오히려 비판받았을 것이다. 이것을 가지고 야만적이라거나, 비윤리적이라고 무조건 비판할 수 있을까? 윤리는 항상적이지 않다. 고대인의 시선으로 현재의 풍속을 바라본다면, 얼마나 이상할 것인가? 그들에게는 중요하지만 우리에게는 중요하지 않은, 우리에게는 중요하지만 그들에게는 중요하지 않은, 그 차이를 살펴서 그 기원을 따져볼 일이다.

검군의 선택, 그 이유 있는 죽음

하여, 『삼국사기』의 '검군 열전'은 특별하다. 화랑 검군劍君은 자신의 신념을 위해, 동료들을 위해 기꺼이 죽음의 길을 걸어간다.

기근이 들어 모두 굶주려 있을 때, 사인들이 창고의 곡식을 훔쳐 나눠 가졌다. 오직 검군만이 받지 않았다. 검군은 화랑 근랑의 무리로 광명담박하여 의리에 어긋나는 것은 일절 탐내지 않는다는 신념을 지녔기 때문이다. 검군은 이 신념을 저버리느니 죽는 게 낫다고 생각한다. 그렇지만 죄지은 동료들을 고발하여 처벌받게 할 수는 없었다. 게다가 기근으로 모두 굶주리는 급박한 처지들이라 인정상 쉽게 고발하기도 어려웠다.

검군이 근랑의 집에 갔더니 사인들이 은밀히 의논하기를 이 사람을 죽이지 않으면 반드시 말이 누설될 것이라 하여 드디어 그를 불렀다.

검군이 그들이 죽이려는 줄 알고 근랑에게 작별인사를 하면서 말하기를 "오늘 이후로는 다시 서로 만나지 못하겠다" 하였다. 낭이 이유를 물었으나 검군이 말하지 않고 있다가 두세 번 물어서야 그 이유를 대략 이야기하였다.

낭이 말하기를 "그러면 왜 관가에 말하지 않았는가?" 하였다.

검군이 말하였다.

"자기의 죽는 것을 두려워하여 여러 사람들로 하여금 죄에 걸리게 하는 것은 인정에 차마 할 수 없는 바이다."

낭이 말하기를 "그러면 왜 도망하지 않느냐?" 하니 검군이 말하기를 "저들은 굽고 나는 바른데 도리어 내가 도망하는 것은 장부가 아니다" 하고 드디어 사인들에게로 갔다.

여러 사인들이 술을 내어 대접하면서 비밀리에 독약을 음식에 넣었다. 검군이 이를 알면서도 억지로 먹고 그만 죽었다. 군자가 말했다. "검군이 죽을 자리가 아닌데 죽었으니 이는 태산같

이 중한 목숨을 새털보다 가볍게 여겼다고 말할 수 있다.(검군조,

「열전」『삼국사기』)

검군은 동료들을 배신할 수 없었고, 내가 바른데 도망가는 것은 장부의 도리가 아니라고 생각했다. 검군은 결국 동료들에게 죽임을 당하는 쪽을 선택한다. 동료들이 음식에 탄 독약을 기꺼이 먹고 죽는다. 죽음을 선택함으로써 동료들을 살리고, 자기의 신념을 증명한 것이다. 김부식은 죽을 자리가 아닌데 죽었다고 비평했지만, 당시의 검군은 살아서는 그 어느 것도 해결할 수 없었다. 자신의 신념을 지키고자 동료들을 고발하면 동료들이 죄에 걸리고, 동료를 살리기 위해 도망가자니 자신의 신념이 손상되는 딜레마에 빠진다. 신념을 지키고, 동료들을 지키기 위해서는 죽는 길밖에 없었다. 신의를 저버린다는 것은 검군에게 용납되지 않았다.

지극히 국가적인 시선 안에서 과거의 사건을 배치하는『삼국사기』안에도 이해할 수 없는 행위들이 적지 않다. 검군 말고도 현대의 우리라면 미덕으로 혹은 윤리로 취급하지 않을 법한 사건들과 자주 마주하게 된다.

고구려 제2대 유리왕은 자기 아들 해명解明에게 죽음을 명령한다. 해명은 옛 도읍지를 지키고 있었는데 이웃나라 황룡국 왕이 센 활을 선사한바, 해명은 고구려를 업신여겨 센 활을 보낸 것이라 보고 그 활을 부러뜨려 버린다. 아버지 유리왕은 해명이 이웃나라의 호의를 무시하고 원한을 샀으니 죽어야 마땅하다고 여긴다. 아

버지의 뜻을 어길 수 없어 해명왕자는 해명 한마디 하지 않은 채 들판에 창을 꽂아 놓고서 말을 타고 달려 그 창에 부딪혀 죽는다. 아들과 아버지의 해석에는 분명 차이가 있었지만, 해명은 아버지의 명령을 거스를 수 없었다. 아들이 아버지의 뜻을 따르고, 신하가 임금의 뜻에 합하는 것이 목숨보다 귀했기 때문이다. 물론 김부식도 이 사건을 이해하기 힘들었다. 김부식은 아버지와 아들을 모두 비판했다. 아버지는 가르치지 않아 악을 조장했고, 아들은 의심할 만한 여지가 있었다는 것이다. 그렇지만 고대의 사람들은 오히려 김부식의 평가를 이해할 수 없었을지도 모른다.

고구려 제3대 대무신왕의 아들 호동好童도 마찬가지이다. 호동은 둘째 왕비 소생이다. 대무신왕의 원비元妃는 호동을 태자로 세울까 염려되어, 호동이 자신을 간통하려 했다고 모함한다. 대무신왕은 호동에게 죄를 주었으나, 호동은 한마디 해명 없이 칼을 물고 엎어져 죽는다. 해명한다면, 어머니의 죄악을 드러내는 일이요, 왕에게 근심을 끼치는 일이기 때문이다. 아버지, 어머니를 저버릴 수 없어 죽은 호동. 유리왕의 아들 해명처럼 아버지를 등질 수 없어 죽을 자리가 아닌데 죽은 것이다.

검군·해명·호동처럼 억울함을 호소하지 않은 이들이 또 있다. 신라의 실혜實兮와 물계자勿稽子! 실혜는 진평왕 때 상사인上舍人: 신라의 벼슬 이름. 대사(大舍) 가운데 우두머리를 이름이었는데 하사인下舍人 진제珍堤의 참소를 입어 외직으로 쫓겨난다. 실혜는 간신배가 임금을 속이면 충신이 배척당하는 것은 당연지사라 여기며 항의하지도 하소연하지도 않는다. 한편 물계자는 두 차례에 걸쳐 혁혁한 전공을 세웠으나 두 번 다 포상을 받지 못한다. 물계자는 포상받지 못한 까닭을 자신의 탓으로 돌리며 원망하지 않는다. 남에게 알려질 정도로 몸과 목숨을 다 바치지 못했기 때문이라는 것이다. 그러고는 머리를 풀어헤치고 거문고 하나만 메고 사체산으로 들어가 은거한다. 세상이 나를 믿지 않아도, 나를 알아주지 않아도 나 자신이 태도를 바꿀 수는 없는 법. 적어도 스스로는 믿음을 지켜야 한다.

이처럼 『삼국사기』는 군신, 부자, 부부, 동료 등 인간들 사이의 윤리를 '신의'에 둔다. 그 어떤 윤리보다 상위의 윤리로서 '신의'가 작동한다. 말이나, 가르침은 반드시 지켜야 한다. 그것이 바로 신의이다. 김부식은 입으로 한 말과 배운 말을 지키는 것을 최우선의 윤리로 계열화한다. 물론 김부식도 '신의'를 최우선으로 하는 삼국시대 사람들의 태도를 다 이해한 것은 아니었다. 그래도 이것이 삼국시대의 특별한 윤리였기 때문에 기록하지 않을 수 없었던 것이다. 약속을 지키는 것, 즉 책임을 다하는 것은 가장 기본적인 고대의 윤리이다. 물론 이 윤리가 잘 지켜지지 않았으니 '열전'에 입전되어 훌륭한 모습으로 칭송한 것이겠지만, 그 어느 시대보다 '언약·맹세'가 중요했다. 그것은 법보다 우선하며 목숨 바쳐 실행해야 할 상위의 윤리였다.

사생을 함께 한 도반들

삼국시대, 특히 신라의 화랑과 승려들은 친구와 사생을 함께 하고, 함께 불성을 깨우쳤다. 우정이 지나쳐 친구가 죽자 7일 만에 따라 죽은 사다함斯多含의 이야기는 아주 유명하다.

사다함은 내밀왕내물왕의 7대손, 아버지는 구리지 급찬이다. 청수하고 지개가 방정하여 사람들이 그를 화랑으로 추어올리매 화랑 노릇을 하였는데 따르는 무리가 무려 1천 명에 달했다. 진흥왕眞興王, 재위 540~576이 가야국을 습격했는데 사다함의 나이가 15, 16세로서 종군하기를 청했다. 나이가 어리다고 허락지 않았으나 청하는 태도가 간절하고 뜻이 확고하므로 그를 임명하여 귀당비장貴幢裨將을 삼으니 화랑도들이 그에게 따라 나서는 자들이 많았다. 가야 국경에 이르러 사다함은 부하군사들을 거느리고 먼저 전단량으로 들어갔다. 군사들이 갑자기 들이닥치니 가야국 군사들은 놀라 소동하여 막지 못하므로 사다함의 대군이 틈을 타서 그 나라를 없애 버렸다. 사다함이 처음에 무관랑武官郎과 함께 사생을 같이하는 벗으로 약속했는데 무관이 병으로 죽자 매우 섧게 울고 7일 만에 죽으니 나이가 17세였다.「사다함조」, 「열전」「삼국사기」

삼국시대 부부들은 서로의 '지향'을 이해하고 지켜 주었다.

평강왕의 공주와 온달도 그렇고, 강수와 그의 처도 그렇고, 남편의
죽음을 이해한 소나의 부인도 그러했다. 그러나 이 부인들은 남편
이 죽어도 따라 죽지는 않았다. 사다함은 사생을 함께하기로 약속
한 벗, 무관랑이 죽자 따라 죽는다. 17살의 청년 사다함은 약속을
지킨 것이다. 애정보다 더 깊은 우정으로 친구를 따라간 사다함.
고대사회는 남성들 사이에 애정과 우정이 겹쳐져 있었기에 이런
일이 가능하다고 해석하기도 한다. 사다함의 죽음은 해석의 여지
를 남기지만, 화랑들 사이의 우정은 생사를 넘나드는 전우의 그것
이상이었다.

물론 삼국시대 친구간의 우정은 부부관계에서와 마찬가지로
동지적 신의에 바탕한다. 단순히 의리를 지키는 수준에서가 아니
라 도반, 즉 서로를 깨우쳐 주는 스승이자 친구로서 우정을 발휘
한 것이다. 『삼국사기』에는 승려들이 입전되어 있지 않다. 승려였
다가 용감한 무장으로 활약한 전쟁영웅들의 이야기는 기록했지
만, 문화와 철학 방면에서 뛰어나게 활약한 인물들은 기록하지 않
았다. 국가주의와 통치 이념에 부합하는 사건과 인물을 위주로 기
술했기 때문에 이 바깥에서 작동하는 사유방식들과 생활양식들은
배제되었다. 이와는 대조적으로 『삼국유사』는 삼국시대의, 특히
불성으로 우정을 닦는 신라인들에 대해 알려준다.

관기觀機와 도성道成 두 성사가 포산에 숨어 살았다. 관기는 남쪽
고개에 암자를 지었고, 도성은 북쪽 굴에 살았다. 서로 10여리

나 떨어져 살았지만 구름을 헤치고 달을 노래하며 서로 오가곤
했다. 도성이 관기를 부르려고 하면 산속의 나무들이 모두 남쪽
을 향해 굽어져 서로 맞아 주는 것 같았다. 관기는 이것을 보고
갔다. 관기가 도성을 맞으려고 할 때에도 그와 같았다. 모두 북
쪽으로 누우면 도성이 그에게로 갔다.

도성은 자기가 살고 있는 집 뒤의 높은 바위 위에 항상 조용히
앉아 있었는데, 어느 날 바위틈 사이로 몸이 빠져나가 온몸이
하늘로 솟구치며 어디로 가 버렸는지 모르게 되었다. 혹은 그가
수창군에 이르러 죽었다고도 한다. 관기도 또한 뒤를 따라 죽었
다.「포산의 두 성사」, 「피은」, 「삼국유사」)

관기와 도성은 숨어 살며 불도를 닦는 승려들이다. 이들은 도
를 닦으면서, 남다른 우정으로 맺어진 친구이다. 친구를 따라 죽은
사다함처럼 도성이 죽자 관기도 뒤를 따라 죽었다. 관기와 도성의
이야기는 화랑들의 우정을 승려들의 우정으로 그 버전을 바꾼 듯
흡사하다. 큰 절에 소속되어 문파를 이루기보다는 둘이 산속에 들
어가 교유하며 진한 우정을 발휘하는 일화는 『삼국유사』에서 낯
설지 않다.

사다함도 그렇고, 관기와 도성도 그렇고 이 이야기들은 두 사
람 사이의 강렬한 우정을 바탕으로 한다. 동지 혹은 도반 사이를
이어 주는 폭넓은 우정과는 그 성격이 다르다. 화랑과 승려는 어
찌 보면 우정의 관계로 맺어진 공동체일 수 있다. 그럼에도 이 두

이야기에서 주목하는 바는 두 사람 사이를 오가는 그 견고한 믿음 이다. 한 사람이 죽을 때 따라 죽을 수 있는, 두 사람이 함께 살아야 삶의 가치가 있다고 생각하는 우정. 남녀의 애정보다 더 깊은 애정 으로 맺어진 친구의 관계를 중시하고, 주목했다고 할 수 있다.

19. 승려들의 간첩 행위

신라의 거칠부, 고구려를 염탐하다

『삼국사기』의 핵심은 정치사이다. 제국의 시선으로 과거를 배치하기 때문에 개인의 삶이나 종교에 관한 이야기는 싣지 않았다. 국가주의 시선으로 과거를 계열화하는 작업을 진행하면서 종교나 종교적 풍습을 수용하기는 힘들 것이다. 그러므로 불교의 역사는 『삼국유사』를 기다려야 한다. 다만 『삼국사기』에도 승려가 등장하기는 한다. 물론 그 승려들은 불교가 아니라 국가의 안녕과 존립의 문제를 고민했다. 세 명의 승려가 나오는데, 그중 한 명은 그 유명한 신라의 원광법사圓光法師이다. 원광법사는 수나라에 유학을 다녀와 이름이 알려졌고, 화랑 등의 세속인들이 법사를 찾아와 가르침을 청했다. 모든 사람들이 출가할 수는 없을 터, 그렇다고 전쟁을 치러야하는 사람들을 외면하기 힘든 시대였던바, 원광법사는 세속인들이 지킬 수 있는 다섯 가지 불교의 계율을 알려주었다. 살생유택殺生有擇, 사친이효事親以孝, 사군이충事君以忠, 교우이신交友以信, 임전무퇴臨戰無退! 원광이 언급된 것은 불성을 깨친 자에 대한 궁금증 때문이 아니다. 세속오계의 가르침을 받고 전쟁에 나아가 임전무퇴를 지켜낸 귀산貴山이라는 화랑 때문이다.

그리고 특기할 만한, 문제적인 두 명의 승려는 둘 다 간첩 활동으로 『삼국사기』에서 기억되었다는 사실. 승려들도 세속의 일에 관여하지 않을 수 없었고, 특히나 국가적인 대사업에 참여해야만 했다. 더구나 승려들은 신라·고구려·백제 세 나라를 비교적 자유롭게 넘나들었다. 신라의 승려가 스승을 찾아 고구려의 절에 가서 공부하기도 하고, 고구려의 승려가 백제로 초빙되어 오기도 하는 등 자유로운 이동을 보장받는 신분상의 특혜가 있었던 것이다. 이런 신분상의 특혜 때문에 승려들에게 이웃 나라의 내막을 염탐하는 역할이 주어졌던 것이다.

두 명의 승려 중의 한 명인, 신라의 거칠부居柒夫로부터 이야기를 시작해 보자. 거칠부는 내물왕의 5대손이다. 젊어서 원대한 뜻이 있어 머리를 깎고 중이 되었다. 사방을 유랑하다 고구려의 내막을 알아보고자 고구려 안으로 들어간다. 거칠부가 순수히 자발적으로 시작한 일인지 알 수 없지만, 고구려의 동태를 살피기 위한 잠입 행위였음에 틀림없다.

거칠부는 고구려의 혜량법사惠亮法師가 자리를 벌이고 불법을 설교한다는 말을 듣고, 그곳으로 가서 불교 강의를 듣는다. 혜량은 거칠부가 평범한 사람이 아니라 동태를 엿보러 온 사람임을 알아차린다. 혜량은 거칠부에게 잡힐 수 있으니 돌아가라고 말하고는 나중에 장수가 되어 전쟁을 하게 되면 자신에게 해를 끼치지 말기를 부탁한다.

거칠부는 신라로 돌아가 승려 생활을 그만두고 벼슬에 종사하여 대아찬에 이른다. 진흥왕 12년(551) 왕은 거칠부를 비롯하여 8명의 장군에게 백제와 함께 고구려를 침공하도록 명한다. 백제가 평양을 침공하므로 거칠부 등은 죽령으로부터 고현에 이르는 10여 개의 군을 빼앗는다. 이때 고구려의 혜량법사는 제자들을 데리고 길가에 나와서 거칠부와 상면한다. 거칠부가 앞서 혜량 덕분에 목숨을 보존한 데 감사하며 은혜에 보답하기를 청하자, 혜량은 고구려가 멸망할 날이 얼마 남지 않았다고 하며 자신을 신라로 데려가 달라고 부탁한다.

거칠부는 혜량을 신라로 데리고 와서 왕을 배알시켰고, 왕은 혜량을 승통으로 임명하여 처음으로 백좌강회와 팔관법을 두게 한다. 신라에 백좌강회와 팔관회가 열리게 된 시작은 이랬다. 간첩 활동을 하던 거칠부가 혜량이라는 법사와 개인적인 인연을 맺게 되면서 신라 불교의 법식이 또 하나의 체계를 갖추게 된 것이다.

내가 거칠부의 「열전」에서 포착한 바는 승려의 간첩 활동이었다. 삼국의 승려들 또한 전쟁의 시대를 살기가 쉽지 않았던 것이다. 생사의 고통으로부터 해탈하고자 출가했음에도 이 땅 위에 사는 백성으로 이 땅의 현실과 만나지 않을 수 없었던 것. 비-국가적인 승려는 김부식 눈에 절대 들어올 리 만무했다는 사실은 조금 아쉬웠다. 김부식은 오직 국가를 견고하게 하는 승려 아닌 승려, 국가의 대혼란을 미연에 방지하기 위한 첩보전에 승려들이 동참했다는 사실을 놓치지 않았던 것이다. 승려들 또한 전쟁으로부터 자유로울 수 없었다. 물론 많은 승려들이 세속으로부터 자유롭고자 사방을 유랑했을 것이다. 단지 김부식의 시야에 포착된 승려들이 달랐을 뿐이다.

고구려의 승려 도림, 백제를 망치다

아와 비아의 투쟁 시대, 이웃 국가의 혼란은 나의 생존에 파란 신호이다. 그러므로 더 적극적으로 상대가 혼미해지도록 미혹에 빠뜨리는 것이 싸우지 않고 이기는 방법이었다. 사실 미혹으로부터 우리를 구원하는 존재가 승려라고 기대하지만, 고구려는 이기기 위해 승려로 하여금 백제를 혼란에 빠뜨리는 작전을 구사했다. 고구려의 도림道琳스님이 그 주인공이다.

　　때는 고구려 장수왕長壽王, 재위 413~491 시대이다. 장수왕은 백제를 치기 위해 은밀히 간첩할 만한 자를 구하였다. 도림스님이 '나라에 은혜를 갚기 위해' 자원하였다. 도림은 거짓으로 죄를 짓고 도망하는 체하며 백제로 달아났다. 이때 백제의 왕은 근개루近蓋婁: 개로왕, 재위 455~475였다. 개로왕蓋鹵王은 장기와 바둑을 매우 좋아하였다. 도림은 바둑의 고수로 개로왕에게 바둑 두기를 제안한다. 과연 바둑을 둬 보니 도림은 국수였고, 개로왕은 도림과 허물없는 사이가 된다. 자고로 통치자에게 취미에 빠지지 말라고 경계한 이유는 이 때문일 것이다. 왕이 좋아하는 것에 접근하여 아첨하면서 자신의 뜻을 관철시키는 무리들이 얼마나 많은가?

우리도 그랬다. 박근혜와 최순실 게이트가 다른 데 있지 않았다. 대통령과 얼굴 주사를 함께 맞으며, 드라마를 함께 공유하며, 사리사욕을 채웠던 것이다. 대통령은 자신만 챙기느라 암매했고, 그런 상태라 주변엔 그런 무리들이 밀착했던 것이다. 그 틈새가 참으로 모든 재앙의 근원이 아닌가?

개로왕은 사실 악명 높은 왕이다. 바둑·장기와 같은 취미에 빠졌을 뿐만 아니라 미색에 빠져 절제를 모르는 왕이었다. 「열전」의 아름다운 도미 부인을 탐낸 왕이 근개루이다. 도미 부인을 탐하여 남편 도미의 눈을 멀게 해서 추방하고, 도미 부인도 꾀를 내어 가까스로 달아났으나, 이 부부는 고구려를 유리걸식하며 비참하게 생활하다 생을 마감한다. 개로왕은 욕망과 미혹의 함정을 이미 자신 안에 가지고 있었다. 재앙을 불러들이는 건 다 자신이다. 하늘도 아니요, 다른 사람도 아니다.

개로왕과 바둑 두며 친해진 도림은 개로왕을 몰락시킬 작전을 펼친다. 도림은 왕의 허영을 건드림으로써 소기의 목적을 달성하려 한다. 왕의 위세도, 백제의 위세도 대단한데, 환경이 너무 초라하다는 감언이설로 왕을 부추긴다.

대왕의 나라는 사방이 모두 산과 둔덕이며 강과 바다이니 이는 하늘이 설치한 요해지요, 사람의 힘으로 된 지형이 아닙니다. 그러므로 사면에 있는 이웃 나라들에서 감히 엿볼 마음을 먹지 못하고 다만 받들어 섬기기를 원하기에 겨를이 없을 뿐입니다. 그런즉 왕께서는 응당 굉장한 기세와 호화로운 차림으로써 남들이 듣고 보기에 무섭도록 하여야 할 터인데, 안팎 성들이 수축되지 않았고, 궁실들을 수리하지 않았으며, 선왕의 해골이 일시로 묻힌 채 벌판에 놓여 있으며, 백성들의 가옥이 왕왕 강물에 허물어지고 있으니, 저는 대왕을 위하여 못할 일이라고 생각합니다.(「개로왕조」, 「백제 본기」 『삼국사기』)

개로왕은 도림의 말을 따른다. 나라 사람들을 모조리 징발하여 흙을 구워 성을 쌓고 그 안에는 궁실, 누각, 정자들을 웅장하고 화려하게 지었다. 또 욱리하郁利河: 한강에서 큰 돌을 가져다가 돌곽을 만들어 아버지비유왕(毗有王), 재위 427~455의 해골을 장사하고, 강을 따라 둑을 쌓아서 사성 동쪽으로부터 숭산 북쪽까지 닿게 하였다. 결국 이로 말미암아 창고들이 텅비고 인민들이 곤궁해져서 알을 쌓아 놓은 것보다 더 나라가 위태로웠다.

목표를 달성했으니 간첩 승려 도림은 고구려로 달아나고, 장수왕은 군사를 내어 백제를 침공한다. 백제성은 고구려에 함락되고, 개로왕은 말에서 내려 절하며 항복한다. 백제 사람으로 죄를 짓고 고구려로 도망갔다 고구려 장수가 되어 백제를 친 걸루桀婁

등은 개로왕의 낯을 향해 침을 세 번 뱉고, 죄목을 따진 다음 아차산 밑으로 보내어 죽이게 하였다.

바둑에 미혹된 왕, 토목공사로 백성들의 힘과 곡식을 탕진시킨 왕의 말로는 죽음이었다. 그 뒤에 승려 도림이 있었다. 크게 공력을 소모하지 않고 적국을 무너뜨리는 방법으로 고구려의 은혜에 보답한 도림. 승려의 호국 의지와 개로왕의 어리석음을 김부식은 강조하고 있다. 승려들의 자유로움이 또 다른 활동을 가져왔다. 이 시대의 배치가 승려들을 간첩으로 만든 것이다. 진정 종교인에 걸맞지는 않지만, 삼국의 대치가 치열한 시절 간첩으로 활약한 승려들이 있었던 것이다. 이럴 때 김부식은 승려들의 도력보다는 승려들의 나라 사랑(!)을 기억했다. 김부식이 계열화한 역사에서 '국가'로부터 자유로운 승려는 포착될 수 없었다. 김부식이 그려 낸 승려들은 승려로서의 역할과 신민으로서의 역할 사이에서 갈등하지 않았다. 아니 그 갈등을 김부식은 상상하지 않았던 것이다. 김부식의 눈에 들어온 것은 오로지 승려들의 불타는 호국 의지였다.

三國史記卷第一

宣撰

新羅本紀第一

始祖姓朴氏諱赫居世前漢孝宣帝五鳳元年

甲子四月丙辰十五日即位號居西干時年十

三國史記

Keyword

N.

고전

역사를 배반하는 역사

하나의 에피스테메, 중국 시안과 둔황

9월 초 중국 시안西安을 거쳐 둔황敦煌에 다녀왔다. 중국의 4대 고도古都의 하나인 시안. 주나라·진나라·한나라·당나라의 수도였던지라 유적과 유물이 넘치는 도시였다. 그 유명한 진시황의 무덤과 병마용갱은 규모가 어마어마했다. 그 많은 실사에 가까운 진흙 병사들과 드넓은 갱도는 팽창하는 제국의 위용을 한껏 뽐내고 있었다. 그렇지만 그 거대하고 화려함에 지쳐 버렸다. 제1갱도, 제2갱도, 제3갱도를 돌면서 어질어질하고 속이 울렁거렸다. 아직도 다 발굴되지 않은 상태이고, 발굴했어도 특별하지 않으면 다시 묻었다 하니, 다 발굴되면 어느 정도일지 놀랍기보다 심히 걱정스러움이 앞섰다. 이 정도의 갱도와 병마용을 더 많이, 더 오래 보면 혹시 쓰러질 수도 있겠다 싶어서였다. 진시황은 죽어서도 제국의 시스템을 완벽하게 구현하고 싶었던 것일까? 유적과 유물을 남겨 줘서 고맙다는 생각보다는 그 무한한 욕심에 속이 시끄러웠다.

또 하나 나를 괴롭혔던 건, 무용극 〈장한가〉였다. 시안에 온 첫날, 당나라 현종과 양귀비가 온천욕을 하던 화청궁을 보고, 장이머우 감독이 연출한 무용극 〈장한가〉를 관람했다. 여산驪山을 배경으로 화청지華淸池 위에서 펼쳐지는 물, 불, 빛의 향연은 입을 떡 벌어지게 만든다. 그 화려하고 테크니컬한 볼거리에 잠시 눈이 현혹되었으나 이것도 계속되니 금세 시들해지고 지루해졌다. 약 20여 분이 지나면서부터는 졸고 말았다. 하여, 그 유명한 양귀비의 목욕

장면도, 안록산 때문에 괴로워하는 양귀비의 몸부림도 보지 못했다. 다만, 현종과 양귀비 서사에 덧입힌 사랑의 판타지와 이 판타지를 더 환상적으로 만들어 주는 스펙터클한 무대 그리고 관능적인 배우들의 몸짓만은 머리에 남았다.

역사적 사실에 의하면, 현종은 며느리인 양귀비를 사랑하여 후비로 취했음에도 양귀비의 언니까지 사랑했다고 한다. 강짜가 심했던 양귀비는 현종에게 두 번이나 폐출되었고, 강짜를 하던 양귀비도 안록산을 연인으로 두었다니, 이 또한 막장이다. 장이머우가 연출한 결론대로 현종과 양귀비가 정말 영원히 사랑했을지 의구심을 가득 품은 채 화청지를 떠났다. 찰나적 사랑의 환희가 그 길고도 긴 사랑의 허망함보다 더 짜릿하기 때문일까? 우리들은 왜 그리도 사랑의 환타지를 갈망하는지? 인간은 그렇게 속으면서도 역사보다 드라마를 더 좋아함에 틀림이 없었다.

시안을 뒤로 하고 실크로드의 시작인 둔황으로 향했다. 중국천하라는 표현을 실감하는 순간이었다. 시야에 걸리는 것 하나 없이 모래 평원이 끝도 없이 이어져 있었다. 동서남북을 분간할 수도 없는 막막한 모래 평원에 넋이 나가 버렸다. 동쪽의 산해관부터 서쪽의 옥문관과 양관까지 이어지는 중국의 경계는 상상만으로는 잡히지 않는 영역이었다. 그런데 둔황이 끝이 아니라는 것. 사막 너머로까지 뻗어 나가려는 제국의 야욕, 결단코 만족감을 모르는 확장에의 욕망이 거기로부터 다시 시작되었다는 것. 한반도에 살고 있는 내게는 불가사의였다. 이렇게 각각인 영토를 왜 그리 아우르고 싶었던 건지 도무지 이해가 가지 않았다. 아마도 내 유전자엔 천하제국의 이미지가 아예 없는 것인지도 모르겠다.

중국의 베이징北京·청더承德·상하이上海·난징南京·항저우杭州를 여행하면서 그 크기와 넓이에 눈이 휘둥그레지긴 했지만 별다른 감흥은 없었다. 넓고 큰 탓에 다니기에 너무 피곤했으므로 아담한 걸 그리워하기까지 했었다. 작으면 답답하고 크면 피곤하고, 인간의 간사함을 탓해야 하는지. 그러나 둔황은 각별했다. 중국 천하의 서쪽 경계라는 점에서도 그랬지만 사실 더 놀라운 건, 사막을 가로질러 서역으로 이어진 구도의 발길이었다.

제국의 팽창과 더불어 사람들에게 구원의 열망이 불같이 일어났다는 사실이 의미심장하면서도 불가사의했다. 거대제국도 생사의 고통을 해결해 줄 수 없다는 깨달음, 그 고통은 개인이 해결할 수밖에 없기에 사막을 걷고 또 걸어 서역으로 향했으리라는 이 자명한 사실이 새삼 신비롭게 느껴졌다. 인간으로서 인간의 고통에서 벗어나기 위해, 그리고 해탈을 이룬 부처의 구도행과 만나기 위해, 옥문관을 넘고 양관을 넘었던 이들의 절실한 마음이 사막 앞에 서자 아주 조금 이해가 되었던 것이다.

내가 만약 그때 그곳에 있었다면 구도의 나라 천축을 향해 그 힘든 사막을 내딛었을까? 현재의 나라면 기꺼이 사막을 넘을 수 있을 것만 같다. 그러나 과거의 나라면, 사막에서 이런 생각조차 하지 않았을 것이다. 20대, 30대 시절, 꼭 한 번은 가 보리라 마음먹었던 곳 중의 하나가 둔황이다. 근데 왜 가려고 했는지 기억이 잘 안 난다. 어렴풋한 기억으로는 실크로드 때문이었던 것 같다. 동서 교역의 길이요, 문명 교차의 길에 대한 막연한 호기심이 작용했던 것이다. 그때 만약 둔황에 갔다면, 지금과 같은 생각은 하지 않을 것임에 틀림없다. 그때의 내가 마주친 시공은 지금 내가 마주친 시공과 분명 다를 테니까 말이다.

낯선 시공, 지금의 내가 서 있는 곳과 전혀 다른 공간. 푸코 식으로 말하면 내가 있는 공간과 전혀 다른 배치에 놓인 곳, 에피스테메. 시안과 둔황은 내게 그런 곳이다. 과거의 나에게, 현재의 나에게도 시안과 둔황은 에피스테메였을 것이다. 그런데 그런 에피스테메에 대한 해석 또한 시절에 따라 달라진다. 어느 때의 누가 만났느냐에 따라 해석의 지평도 천양지차이다.

『삼국사기』, 또 다른 에피스테메

시안과 둔황을 다녀온 후, 21세기에 『삼국사기』를 만난 나를 다시금 돌아보게 된다. 이렇게 써 놓고 보니 거창하다. 20세기, 21세기 식으로 선을 그어 놓으니 시간의 격차가 엄청난 것처럼 보인다. 그런데 어찌 보면 짧은 시간일 수도 있지만, 어찌 보면 굉장한 시간이기도 하다. 사는 방식은 별반 차이가 없는 것 같지만, 그 사이 세상을 보는 나의 감각과 인식이 달라졌기 때문이다.

『삼국사기』를 40대 이후에 만난 것을 다행이라 여긴다. 그전에 만났으면 나는 문명사의 발전이란 시각으로 『삼국사기』를 뒤졌을 것이다. 그러다 내가 기대하던 바, 문명사의 진보 과정을 앙상하게 찾아내고는 이렇게 말했으리라. '교과서랑 크게 다를 게 없네'라고 말이다. 대학원 한문 시험공부로 『삼국사기』「열전」의 한문만 기계적으로 외웠던 것을, 이 역사책의 전모를 파악할 호기심조차 갖지 않은 것을 이제 와서 오히려 감사하는 지경이라니. 민망하기 짝이 없다. 그때는 『삼국사기』를 다시 읽을 일은 아마도 없지 않을까 하는 생각까지 했으니 말이다.

역사적 이야기를 좋아하면서도 과거 사실을 나열하고 연대를 외우는 건 질색하며 싫어했다. 그래서 진로를 역사학에서 국문학으로 바꾸기도 했다. 그런 면에서 『삼국사기』는 내게 너무 먼 고전인 셈이었다. 나중에라도 꼭 읽으리라 마음 먹었던 책이 아니었다. 우리 나름의 고전 필독서를 간직하고 있지 않은가? 혹여 읽지는 않더라도 막연히 마음의 양식이 될 고전들의 목록을 속으로 새기는데, 그 목록에 『삼국사기』는 끼어 있지 않았다. 『삼국사기』는 제목만 들어도, 역사에 여간한 관심을 갖지 않는 한, 끌리지는 않는 고전 중의 하나이다. 『삼국사기』는 이상하게 역사교과서와 등식인 것처럼 인식하고 있었다. 그래서 전공자가 아니면 굳이 볼 필요는 없는, 그러나 귀중한 사료임엔 틀림없는 책이라는 인식이 강하게 박혀 있었다.

인생사 장담할 수 없음을 실감한다. 대망의 21세기, 40대의 내가 『삼국사기』를 읽어 볼 엄두를 낸 것이다. 막 당기지도, 호기심이 일어나지도 않은 상태에서 역사책으로서의 『삼국사기』를 봐야 하는 게 아닐까 하는, 어떤 의무감이 자리했다. 이런 것이 일연스님이 말한 신이함 혹은 이적이 아닐까? 비트겐슈타인이 "이 세계에 신비는 없다. 세계가 존재하는 것이 신비이다"라고 했듯, 『삼국사기』라는 책 자체가 신비한 게 아니라 『삼국사기』가 존재하고 이 존재하는 역사책을 읽겠다는 마음이 일었으니, 이것이 내게 일어난 신비일 것이다. 도스토예프스키도 『카라마조프가의 형제들』에서 말한다. "기적을 보고 믿는 것이 아니라 믿어야 기적이 일어난다." 딱히 적절한 것 같지는 않지만, 그래도 통하고 부합하는 것 같은, 내가 좋아하는 도스토예프스키를 패러디하면, "『삼국사기』가 특별해서 읽는 게 아니라 읽어야 특별해진다". 『삼국사기』에 대한 이미지, 혹은 상식이라는 이름의 오해와 편견은 『삼국사기』를 읽지 않고는 절대 바뀔 수 없는 것이었다.

딱히 끌리지 않는, 『삼국사기』를 「신라 본기」부터 찬찬히 읽기 시작하면서 내가 안다고 여겼던 것과 자꾸 어긋나고, 뭔가 이상하다는 생각이 들었다. 기대와 상식을 배반하는 내용들이 신경을 자극했다. 아마도 이전이라면 내 기대에 어긋나는 순간, 실망하면서 『삼국사기』를 덮어 버렸을지도 모른다. 그런데 이 이상한 내용들이 뭔가 신선하고, 호기심을 불러 일으켰다. 나를 자극하는 내용은 바로 「본기」에 지속적으로, 중요한 것처럼 다뤄지고 있는 자연재해 기사들이었다. '천지상응'이라는 동중서의 역사철학에 대해 무지했을 뿐만 아니라 그런 내용이 설혹 있었어도 무심하게 지나

쳤었는데, 이번에는 목에 가시가 걸리듯 내 주의력은 그곳에 집중되었다.

백제가 신라에 멸망할 즈음 이상한 조짐들이 계속 일어났다는 이야기들은 민담으로 치부했었는데, 『삼국사기』는 그런 이야기의 보고였다. 급작스럽게 『삼국사기』에 빠져들었다. 민담과 역사적 사실이 한끝 차이인가? 역사적 사실이 뭐지? 이런 의문들이 꼬리를 물면서 『삼국사기』에 대한 호기심이 고개를 들기 시작했다. 느닷없이 역사책 읽는 재미가 생겨났다. 앞에서 한 말을 다시 패러디하지 않을 수 없다. "호기심이 있어서 읽는 게 아니라 읽어야 호기심이 일어난다."

내게 『삼국사기』는 매우 낯선 세계였다, 시안과 둔황만큼 낯설고 신선했다. 의도치 않게 느닷없이 마주친 에피스테메였던 것이다. 역사에 대한 지식이 많았다면 그런 것들이 낯설지 않았을지도 모른다. 역사학의 하나라고 그냥 넘겨 버렸을 수도 있다. 그러나 역사에 문외한으로서 역사책 혹은 이야기로 『삼국사기』를 읽었던 내 눈에는 「본기」에 배치된 기사들이 죄다 이상했던 것이다. 이상하게 보지 않았다면 『삼국사기』는 내게 그렇고 그런 책으로 책꽂이 깊숙한 곳으로 다시 돌아갔을 것이다.

그 다음부터 『삼국사기』를 읽는 과정이 일종의 탐험처럼 흥미진진했다. 내가 들었던 이야기, 중요하게 여겼던 역사적 사건들이 『삼국사기』에서는 중요하지도 않았고 다른 시선에 의해 다르게 배치되어 있었다. 마치 광맥을 탐사하는 광부처럼 이야기의 광맥을 파고 들어가게 되었다. 보수, 어용 등등 『삼국사기』에 대한 혐오는 이 책을 읽지도 않고 내린 편파적 판정이었음을, 무지가 불러온 오해였음을 깨달아 가는 과정이었다.

나는 당부하고 싶다. 우리의 지식, 혹은 상식에 어긋나는 점이 그 책을 평가절하하는 근거가 아니라 고전의 다른 면모를 보게 하는 원동력일 수 있다고. 이상함을 이상하게 치부할 것이 아니라, 그 이상함을 통해 고전의 진면목에 다가갈 수 있다고. 목에 걸려서, 이상해서, 내 생각에 어긋나서 고전 읽기를 그만둘 것이 아니라 그 낯설음으로부터, 그 문제의식으로부터 고전을 다시 읽어야 할 것이다.

고전이라 불리는 책들은 망실되지 않는 한, 한 글자도 변하지 않고 몇 백 년 몇 천 년을 그대로 전해진다. 그러나 세상은 변하고, 나 또한 변한다. 고전과 마주치는 환경과 시절과 사람이 변하기 때문에 고전 속의 글자는 한결같더라도 고전의 포인트와 해석은 똑같을 수 없다. 똑같은 사람이 똑같은 책을 읽어도 시간에 따라, 기분에 따라 다른 측면이 보이고, 다르게 느껴지지 않는가? 그런 면에서 무궁무진한 해석의 가능성을 지닌 고전은 언제나 살아 있다고 할 수 있다. 그저 재탄생되고 재발견되기를 수많은 고전들은 묵묵히 기다리고 있을 따름이다. 그런 면에서 『삼국사기』 탐사 보고서라 할 수 있는, 이 책을 읽는 독자들이 『삼국사기』에서 이상한 점들을 더 많이 발견하기를 기대하는 바이다.

찾아보기

ㄱ